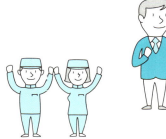

「知ったかぶり」を解消する！

ビジネス用語図鑑

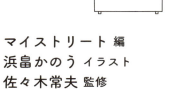

マイストリート 編
浜畠かのう イラスト
佐々木常夫 監修

WAVE出版

はじめに

　日本のビジネスの世界にカタカナ用語があふれ始めたのはいつからでしょうか。おそらくそれは、アメリカから「マーケティング理論」が輸入され始めた1970〜80年代だったのではないかと思います。

　アメリカの経営学者で、「近代マーケティングの父」とも言われるフィリップ・コトラー氏はマーケティングのトレンドを次のように説明しています。

1950年代　マーケティング1.0　製品中心
1970年代　マーケティング2.0　消費者志向
1990年代　マーケティング3.0　価値主導
2010年代　マーケティング4.0　自己実現

　その是非はともかく、1970年代に2度のオイルショックが起きた日本では消費が冷え込み、日本企業はなんとか消費を拡大しようと、まさに「消費者志向」の米国のマーケティングに飛びつきました。それまで「経営戦略」と呼ばれていた概念は「マーケティング」と呼び名を替え、コトラー氏の著作を始め、多くのマーケティングの教科書が日本語に翻訳され、出版されました。

　さらに、その後バブル期を迎えた日本からは多くの若者がMBA（Master of Business Administration、経営学修士）を獲得するためにアメリカのビジネススクール（経営大学院）に留学し、多くのビジネス用語を日本に持ち帰ったのです。

　明治時代に海外からたくさんの文化や言葉が入ってきたときに「エコノミー」を「経済」、「レイルウェイ」を「鉄道」と言い換えたような知恵者は当時の日本にはいませんでした。その結果、多くのマーケティング用語がそのままカタカナで表現され、ビジネスの世界で使われるようになりました。日本のビジネス界におけるカタカナ用語の氾濫は、まさにこの時代に始まったと言って間違いないでしょう。

　その後、1980年代にパソコンが普及し、1990年代にはインターネットが民間に開放されたことで、ITバブルが起きます。パソコンやインターネットがビ

ジネスの一般的なツールとなり、ITこそが企業戦略そのものといってもいい時代になったため、ビジネスにおけるカタカナ用語はさらに増加の一途をたどりました。

　グローバル化、IT化、AI化など、その後の日本のビジネス界に起こった様々な事象は、どれを取ってもカタカナ用語以外では表現できない世界となってしまいました。

　日本で古来使われてきた漢字には字面を見ればなんとなく意味がわかるという優れた特徴がありますが、カタカナ言葉は一見カッコイイものの、字面だけでは意味がわからないという欠点があります。

　結果として、多くの日本人にとって、よくわからないカタカナ用語がビジネスの世界にあふれかえり、なんとなく雰囲気はわかっても、その意味をはっきりと認識できない時代となってしまいました。

　本書は、日本のビジネスシーンにあふれるカタカナ用語を中心に最近話題のビジネス用語を、人事総務系、経営系、IT&AI系、営業系、製造系、そしてコンサル系の6つに分け、わかりやすいイラストと事例で解説しています。

　これからビジネスの世界に飛び込もうという若者はもちろん、長年ビジネスの世界を渡ってきたベテラン（死語ですか？）でも楽しめるように、わかりやすいイラストと解説を心がけました。

　最後に、本書を監修してくださった、元東レ経営研究所社長で、今は株式会社佐々木常夫マネージメント・リサーチ代表取締役の佐々木常夫さんと、たくさんのイラストをユーモアたっぷりに描いてくれたイラストレーターの浜畠かのうさんに感謝したいと思います。ありがとうございました。

　本書が読者のみなさんのビジネスライフを少しでも豊かに楽しくすることを祈念しています。

2019年10月
執筆者・編集者を代表して
マイストリート　高見澤秀

ビジネス用語図鑑　もくじ

はじめに　2

第1章 日常会話ですぐに使える「人事総務系」ビジネス用語　10

働き方改革　12
残業規制　13
同一労働同一賃金　14
高度プロフェッショナル制度　15
スーパーフレックス　16
非正規社員（非正規雇用）　17
裁量労働制　18
アウトソーシング　19
ダイバーシティ　20
ワーク・ライフ・バランス　21
リファラル採用　22
EX（従業員体験）　23
ES調査（従業員満足度調査）　24
健康経営　25
マインドセット　26
EQ　27
ジェンダーギャップ　28

セクハラ　29
パワハラ　30
テレワーク　31
サテライトオフィス　32
ノマドワーク　33
グループウェア　34
Web会議　35
コワーキングスペース　36
フリーアドレス　37
副業・兼業　38
エルダー制度　39
カフェテリアプラン　40
インターンシップ　41
ARCS（アークス）モデル　42
アセスメント　43
ロールモデル　44
PDSサイクル　45

コラム01
もう死語!?今さら聞けない
クスっと笑えるおじさん世代のビジネス用語　46
≫あごあしまくら／ロハ／島流し／てっぺん／ホウ・レン・ソウ

第2章 これだけは覚えておきたい「経営系」ビジネス用語 48

- コーポレートガバナンス 50
- コンプライアンス 51
- メディアリテラシー 52
- アカウンタビリティ 53
- アジェンダ 54
- デコンストラクション 55
- ブレイクスルー 56
- リエンジニアリング 57
- コングロマリット 58
- サステナビリティ 59
- マスマーケティング 60
- ステルスマーケティング 61
- イクスピアリアンス・マーケティング 62
- アントレプレナー 63
- ビジョナリー 64
- ステークホルダー 65
- コアコンピタンス 66
- コンペティター 67
- コンシューマー 68
- スタートアップ 69
- イノベーター 70
- アーリーアダプター 71
- ラガード 72
- ペルソナ 73
- バンドワゴン 74
- バリュープロポジション 75
- ゾーニング 76
- コモディティ 77
- バリューチェーン 78
- サービス・プロフィット・チェーン 79
- サブスクリプション 80
- マネタイズ 81
- アイドルエコノミー 82
- フリーミアム 83
- 共感マーケティング 84
- ブランドエクイティ 85
- クレド 86
- SWOT（スウォット）分析 87
- VRIO（ブリオ）分析 88
- インボイス制度（適格請求書等保存方式） 89

> コラム02　もう死語!? 今さら聞けない
> クスっと笑えるおじさん世代のビジネス用語 90
> >> 二八／五十日／いって来い／手弁当／がっちゃんこ

第3章 デジタル時代に必修の「IT＆AI系」ビジネス用語 92

- クラウド　94
- AI　95
- AGI　96
- シンギュラリティ　97
- ディープラーニング　98
- ビッグデータ　99
- データマイニング　100
- セキュリティ　101
- SNS　102
- インフルエンサー　103
- エバンジェリスト　104
- ブロガー　105
- ユーチューバー　106
- アフィリエイト　107
- VR　108
- マルチモーダルインターフェイス　109
- UX　110
- バズマーケティング　111

- 5G　112
- 仮想通貨（暗号資産）　113
- フィンテック　114
- キュレーション　115
- インプレッション　116
- デジタルトランスフォーメーション（DX）　117
- ローンチ　118
- CGM　119
- コンフィギュレーション　120
- スキーマ　121
- デファクトスタンダード　122
- デフォルト（デフォ）　123
- ノーティス　124
- ティップス　125
- コンバージョン　126
- グリーンカラー　127

コラム03　もう死語!? 今さら聞けない クスっと笑えるおじさん世代のビジネス用語　128
>> ネットサーフィン／ネチケット／雛形／端末／フロッピー

第4章 コミュニケーション力が高まる「営業系」ビジネス用語

- ブランディング　132
- プロモーション　133
- AIDMA（アイドマ）の法則　134
- AISAS（アイサス）　135
- AMTUL（アムツール）　136
- BtoB／BtoC　137
- フラッグシップ　138
- コンセプトショップ　139
- インバウンド　140
- ホスピタリティ　141
- IR（統合型リゾート）　142
- アイスブレイク　143
- ラポール　144
- ハンガートーク　145
- アドホクラシー　146
- エクスキューズ　147
- クローズドクエスチョン　148
- インセンティブ　149
- コミッション　150
- ネゴシエーション　151
- フットインザドア　152
- リテール　153
- コストパフォーマンス（コスパ）　154
- CS（顧客満足度）　155
- アクティブリスニング　156
- オポチュニティ　157
- チャネル　158
- リレーション　159
- ワンストップサービス　160
- Eコマース（EC）　161
- ロングテール　162
- カウンターパート　163

コラム04　もう死語⁉今さら聞けない クスっと笑えるおじさん世代のビジネス用語　164
>> あいみつ／飲む／地雷／色を付ける／青天井

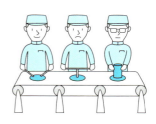

第5章 現場の仕事がよくわかる「製造系」ビジネス用語 166

- インダストリー4.0　168
- スマートファクトリー（スマート工場）　169
- IoT　170
- 3Dプリンター　171
- CAD／CAM　172
- マシニングセンター　173
- FA（ファクトリーオートメーション）　174
- セル生産方式　175
- 産業用ロボット　176
- サプライチェーン　177
- グローバルマーチャンダイジングシステム　178
- ロジスティックス　179
- RFタグ（RFID）　180
- BTO　181
- ADAS（エーダス）　182
- QCD管理　183
- PDCAサイクル　184
- エンジニアリングチェーン　185
- MRP（資材所要量計画）　186
- トレーサビリティ　187
- QC／TQC　188
- OEM　189
- PB（プライベートブランド）　190
- ジャストインタイム　191
- アイドルタイム　192
- ノード／リンク　193
- コストリダクション　194
- 5S活動　195

 コラム05　もう死語!?今さら聞けない クスっと笑えるおじさん世代のビジネス用語　196
　>> 数字を丸める／ざる／ハダカ／シャンシャン（しゃんしゃん）／コピーを焼く

第6章 知っていると知的に見える「コンサル系」ビジネス用語　198

- エビデンス　200
- クリティカル　201
- アジャイル　202
- エモーショナル　203
- インキュベーション　204
- キャズム　205
- エスタブリッシュメント　206
- ゼロサムゲーム　207
- パラダイムシフト　208
- コンテンポラリー　209
- オルタナティブ　210
- アトリビューション　211
- カスタマーインティマシー　212
- エンパワーメント　213
- インサイト　214
- ステータス　215
- ソリューション　216
- コンテクスト　217
- ファシリテーター　218
- プラグマティック　219
- エピゴーネン　220
- インスパイア　221
- セレンディピティ　222
- ナレッジワーカー　223
- マニュアルワーカー　224
- コンティンジェンシープラン　225
- BATNA（バトナ）　226
- ZOPA（ゾーパ）　227
- ロジックツリー　228
- ホラクラシー　229
- クオリア　230
- ミニマル　231
- コンピテンシー　232
- リテラシー　233

コラム06 もう死語!?今さら聞けない
クスっと笑えるおじさん世代のビジネス用語　234
>> テーブルに乗せる／シマ／ガラガラポン／折りTEL（オリテル）／テレコ

INDEX　236

装幀　平林亜紀（micro fish）
組版　江尻智行（トム・プライズ）
企画・編集　高見澤秀（マイストリート）
編集・執筆　豊岡昭彦（マイストリート）
執筆　青木逸美（第4章、第6章、コラム）
執筆　渡邊和彦（第1章、第2章）
執筆　渡辺史敏（第3章、第5章）
校正　滝田恵
編集担当　岩名由子（WAVE出版）

第1章

日常会話ですぐに使える「人事総務系」ビジネス用語

| Work-style Reforms | word 001 |

働き方改革

国民の働き方を変え、"一億総活躍社会"を実現させる改革

三本柱
①長時間労働の改善
②非正規雇用と正規雇用の格差是正
③労働人口不足の解消

働き方改革がんばるぞ!!
お〜っ!!
そのために何をするかが大事なのに…
大丈夫?

"一億総活躍社会"の実現を目指す安倍内閣が提唱する「国民の働き方を変えよう」という政策。2019年4月1日から「働き方改革関連法」が施行された。「長時間労働の改善」「非正規雇用と正規雇用の格差是正」「労働人口不足の解消」の3つを柱とし、残業(時間外労働)の上限規制、有給休暇の消化義務、同一労働同一賃金の推進、高度プロフェッショナル制度(一部の専門職を時間規制から外す制度)などが盛り込まれた。

＼ 用語の使い方 ／

早く帰宅できる分、家事も増える。これも働き方改革?

| Overtime Regulations | word 002 |

残業規制

長時間労働改善のため、残業の上限を規制する制度

長時間労働による過労死などの問題を解決するため、残業（時間外労働）の上限を原則月45時間、かつ年360時間以内とする規制。繁忙期などの特別な事情があるときでも、月100時間未満、年720時間以内とし、上限を超えた違反者には罰則規定がある。中小企業も2020年4月から残業規制が適用されるが、開発型のベンチャー企業やクリエイティブ職などにはふさわしくないという声もある。全社員が定時退社する「ノー残業デー」を導入する企業も増えている。

\ 用語の使い方 /

残業規制に引っかかるので、もう仕事を放り投げて帰ります。

| Equal Work, Equal Pay | word 003 |

同一労働同一賃金

同じ仕事をする正社員と非正規社員の待遇格差をなくす

正社員

非正規社員

同じ職場で正社員と非正規社員が同じ仕事をしている場合、賃金などの待遇を同じにし、格差をなくすという考え方。「パートタイム・有期雇用労働法」とも呼ばれる。同一労働の定義は企業の判断次第になるが、非正規社員にとって、賃金が正社員と同じになるメリットがある一方、企業にとっては人件費高騰などの問題点がある。そのため、逆に、正社員の賃金を非正規社員の賃金に合わせて引き下げるという、本末転倒の運用をする企業が出てくる可能性もある。

＼ 用語の使い方 ／

同一労働同一賃金になったのだから、みんな対等だよね？

| High-level Professional System |　　　　　　　　　| word 004 |

高度プロフェッショナル制度

高度な専門職の一部を労働時間規制から外す仕組み

時間ではなく、成果に対して賃金を支払う制度。略して「高プロ」とも呼ぶ。高度な専門知識を持ち、年収が労働者平均の3倍以上（現状1075万円以上）ある人を労働時間規制から外す仕組み。対象の職種は、金融商品の開発、ディーラー、企業・市場などのアナリスト、コンサルタント、研究開発の5業務。時間に縛られずに仕事ができる一方、時間外労働の概念がなくなり、長時間労働を助長するという懸念から、「残業代ゼロ法案」などと揶揄されている。

\ 用語の使い方 /

「高プロ」で残業代がなくなるなら、「低プロ」になりたい。

| Superflex | word 005 |

スーパーフレックス

働く時間と場所を自由に決められる勤務体系

自由に働ける「フレキシブルタイム」と必ず会社にいなければいけない「コアタイム」がある従来のフレックス制度から、「コアタイム」をなくした制度。社員自身が出社と退社を決められる勤務体系だが、その前提として、パソコンやスマートフォンなど、ネットワークを介して、リアルタイムにコミュニケーションが取れるシステムが必須。労働時間や場所などを個人の裁量に任せ、多様な働き方を実現し、生産性を向上させることを目的としている。

＼ 用語の使い方 ／

スーパーフレックスのおかげで、寝坊の概念がなくなったわ。

| Non-regular Employee | word 006 |

非正規社員（非正規雇用）

正社員以外の形態で雇用されている社員

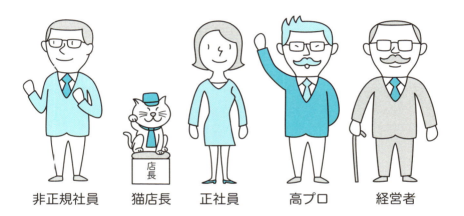

非正規社員　猫店長　正社員　高プロ　経営者

パートタイマー、アルバイト、契約社員、派遣社員、請負労働者、期間作業員、季節作業員、準社員、フリーター、嘱託など、正社員以外の形態で雇用されている社員のこと。比較的短期の契約で、雇用が不安定なケースが多いうえ、賃金や福利厚生などの待遇面で、正社員との間に大きな格差がある。企業には人件費を削減し、収益力を高めるメリットがあるが、働き方改革では、その格差是正を大きな柱の1つに掲げている。

＼ 用語の使い方 ／

正社員も、非正規社員も、仕事のつらさは同じかも？

| Discretionary Labor System | word 007 |

裁量労働制

あらかじめ決めた時間を労働時間とみなし、賃金を払う制度

労使協定であらかじめ決めた時間を労働時間とみなし、賃金を払う制度。業務をこなせば、時間が足りなくても減給されない一方、それを超えても残業代は出ない。対象の職種は、デザイナーや研究者、弁護士などの「専門業務型」と、人事、広報、経営企画などの「企画業務型」の2種類。「高プロ」とは異なり、休日出勤手当や深夜手当はもらうことができる。ただし、企業によっては、実際の労働時間の方が大幅に上回り、サービス残業を余儀なくされるというケースも。

\ 用語の使い方 /

裁量労働制にしてからサービス残業ばかりしています。

| Outsourcing |　　　　　　　　　　　　　　　　　　　　　　| word 008 |

アウトソーシング

自社の特定の業務を外部の組織に委託する

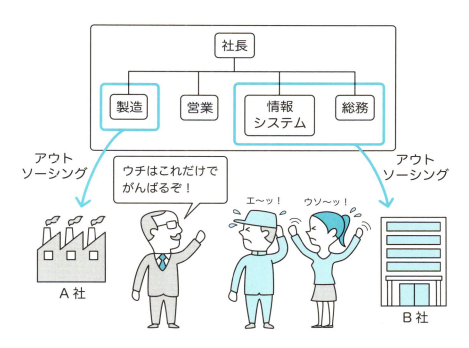

自社の特定の業務を外部の専門性が高い組織に委託すること。社内で新たな人材の確保や設備投資を行う必要がなく、社員の負担を軽減できるため、低コストで業務の効率化や品質の向上を生み出すメリットがある。デメリットは、企業情報や技術などが外部へ漏れる恐れや、社内にノウハウが蓄積できないことなど。1990年代にアメリカから取り入れた経営手法で、情報システム部門をはじめ、経理や人事、物流、製造など、あらゆる分野で活用されている。

\ 用語の使い方 /

この仕事やりたくないから、**アウトソーシング**してほしいなあ。

| Diversity | word 009 |

ダイバーシティ

多様性を受容し、それぞれの価値を活かす

直訳すると「多様性」。社員一人ひとりの違い（性別、年齢、国籍、宗教など）を多様性として受容し、それぞれの価値を活かした企業経営を行う考え方。アメリカから広がり、女性や多様な人種、性的マイノリティなどの率先的な採用、平等な処遇の実現を目指している。日本でも、少子高齢化による労働人口の減少や様々なニーズに対応した人材確保の観点から、高齢者や外国人などの雇用を増やすなど、大企業を中心に積極的に取り組むようになってきている。

＼ 用語の使い方 ／

ダイバーシティをお台場のことだと思った人も受容します。

| Work-life Balance | word 010 |

ワーク・ライフ・バランス

仕事と生活の調和をとり、両方を充実させること

仕事と、育児や介護、趣味、地域活動といった仕事以外の生活との調和をとり、その両方を充実させること。背景には男女の雇用機会均等、出産・育児支援、少子高齢化対策などがあり、育児休暇、短時間勤務制度、フレックスタイム制度など、様々な取り組みをしている企業も多い。社員は、仕事と家庭の両立、スキルアップ、趣味の充実など、生き方の選択肢をより増やすことができるため、企業としても、社員の定着率や生産性の向上につながっている。

＼ 用語の使い方 ／

仕事が趣味の場合、ワーク・ライフ・バランスと言っていいの？

第1章 日常会話ですぐに使える「人事総務系」ビジネス用語

| Referral Recruitment | word 011 |

リファラル採用

社員に人材を推薦・紹介してもらう採用方法

リファラル（Referral）は「推薦・紹介する」という意味で、自社の社員に人材を推薦・紹介してもらう採用方法。自社をよく理解している社員が仲介するため、企業と候補者のマッチングの精度が高くなり、入社後の定着率も高いとされる。人材紹介企業などを利用しない分、採用コストを削減できるメリットも。類義語として、「縁故（コネ）採用」があるが、マッチングを考慮せず、立場上やむを得ず採用することも多いため、内容的に大きく異なる。

\ 用語の使い方 /

私はリファラル採用であって、縁故採用ではありません。

| Employee Experience |　　　　　　　　　　　　　　　　　　| word 012 |

EX（従業員体験）

従業員がその企業で得られるあらゆる体験

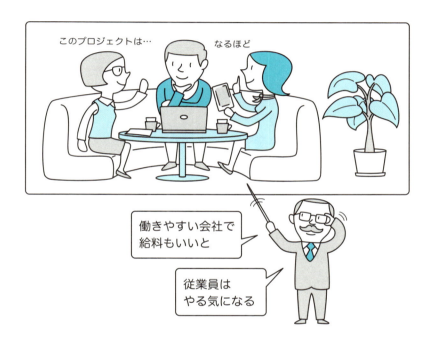

EX（Employee Experience）は、「従業員体験」と訳され、従業員がその企業で得られる体験のことを言う。スキルや報酬、福利厚生など、組織内のあらゆる要素が含まれ、従業員がその状況に満足していれば、EXが高いということになる。従業員に実力を発揮できる環境を与えることで、生産性が向上し、業績アップにつながると考えられている。売り手市場や雇用の流動化などが続く現在、企業にとってEXの向上は、優秀な人材の定着のためにも重要である。

＼　用語の使い方　／

今の会社はEXが高いので、スカウトしても無意味です。

| Employee Satisfaction Survey |　　　　　　　　　　　　　| word 013 |

ES調査
（従業員満足度調査）

従業員を対象にした会社生活の満足度に関する調査

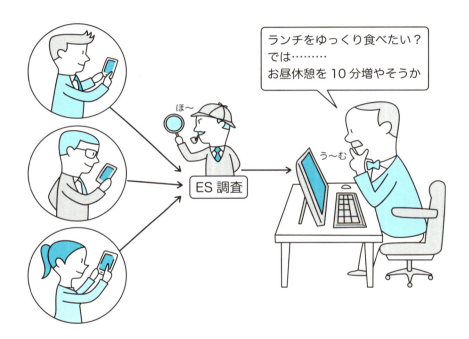

ES（Employee Satisfaction）調査は、日本語では「従業員満足度調査」。従業員を対象にして行われる、仕事内容や待遇、人間関係、環境など、会社生活の満足度に関する調査のこと。ESは企業経営における様々な面に大きな影響を及ぼすだけに、従業員のモチベーションや組織の問題点などを把握・分析するためにも必要不可欠。ESと顧客満足度（CS）の相関を指摘する調査もあることから、ESを重視する企業が増えている。

\ 用語の使い方 /

ES調査を年に何回もやらされたら、満足度が下がるわ。

| Health and Productivity Management | word 014

健康経営

従業員の健康管理を戦略的に実践する経営手法

従業員の健康管理を企業の重要課題と捉え、戦略的に実践する経営手法。労働人口の減少や心身ともに病気を患う従業員の増加などが懸念される現在、従業員の健康管理が疎かになると、生産性の低下やアクシデントの発生など、経営にマイナス面をもたらす可能性が高い。そのため、従業員の健康保持・増進を目的とした取り組みは、コストではなく投資であるという趣旨の下、多くの企業で、独自の生活習慣病対策やメンタルヘルス対策が採用されている。

\ 用語の使い方 /

会社のお金で健康になれるんだから、健康経営っていいね。

| Mindset | word 015 |

マインドセット

経験や教育、先入観などから形成される思考パターン

経験や教育、先入観、価値観などから形成される思考パターンのこと。一般的に個人の特性の意味で使われるが、ビジネスシーンでは「企業のマインドセット」「組織のマインドセット」という使われ方が増えている。その企業が持つ伝統に加え、戦略や経営理念、経営ビジョン、リーダーのコミュニケーション能力などによって、ポジティブで成長志向の"企業文化"を組織内に徐々に醸成していくことが重要とされる。

＼ 用語の使い方 ／

社内の雰囲気が明るくなって、**マインドセット**が変わった。

| Emotional Intelligence Quotient | word 016 |

EQ

IQに対比して考え出された、心の知能指数

EQ（Emotional Intelligence Quotient）は、「心の知能指数」を意味し、IQ（知能指数）に対比して考え出された概念で、自分の感情の認識やコントロール、他者の感情の把握などを行う能力を数値化したもの。EQが高いほど、自分を律し、場の空気を読み、良好な人間関係を築くことに長け、ビジネスで成功する可能性が高いとされ、企業の採用や人材育成などにおける判断基準にもなっている。EQは自分自身の努力で高めることができるという特徴もある。

＼ 用語の使い方 ／

IQが低くても、EQを高めていけばいいのでは？

| Gender Gap |　　　　　　　　　　　　　　　　　　　　　　| word 017 |

ジェンダーギャップ

経済、教育、健康、政治の分野における男女格差

意味は「男女格差」。経済、教育、健康、政治の4分野における男女格差の度合を示す指数を「ジェンダーギャップ指数」と呼び、毎年世界経済フォーラムが世界各国の指数と順位を公表している。2021年の日本は153カ国中120位で、G7では最下位、アジアでも下位。特に経済と政治の分野の数値が低く、世界的に女性の社会進出が遅れている。労働人口の減少が懸念される現在、女性活躍の機会の拡大は人員不足の解消にもつながるだけに、企業にとって喫緊の課題である。

＼ 用語の使い方 ／

日本の**ジェンダーギャップ**はいつ埋まるのかしら？

| Sexual Harassment | word 018 |

セクハラ

相手を不快にさせる性的な言動

「セクシャルハラスメント」の略。「性的嫌がらせ」を意味し、相手を不快にさせる性的な言動のこと。日本では1989年にセクハラを理由にした国内初の民事裁判が起こされたことから、世の中に言葉が浸透。2007年施行の改正男女雇用機会均等法により、全企業にセクハラ防止対策が義務づけられたが、完全には徹底されていない。職場におけるセクハラは、性的な言動を拒否したことで解雇や降格などの不利益を受ける「対価型」と職場環境を著しく害する「環境型」に分類される。

\ 用語の使い方 /

「どこまでがセクハラ？」と聞きながらセクハラしないように！

| Power Harassment | word 019 |

パワハラ

職場内の人間関係において発生するいじめや嫌がらせ

「パワーハラスメント」の略。職場内の人間関係において、業務の適正な範囲を超えて発生するいじめや嫌がらせのこと。厚生労働省は代表的な行為として、①身体的な攻撃（暴行・傷害）②精神的な攻撃（脅迫・侮辱）③人間関係からの切り離し（無視・仲間外し）④過大な要求（遂行不可能なことの強制）⑤過小な要求（仕事を与えない）⑥個の侵害（私的なことへの立ち入り）の6つに分類している。上司から部下への行為だけではなく、同僚や部下からの行為も該当する。

＼ 用語の使い方 ／

「ちゃんと仕事しないとパワハラするぞ！」もパワハラ？

| Telecommuting | word 020 |

テレワーク

ICTを活用した、時間や場所にとらわれない柔軟な働き方

「Tele＝離れた場所」と「Work＝働く」を合わせた造語で、ICT（情報通信技術）を活用した時間や場所にとらわれない柔軟な働き方。国土交通省によると、テレワークを行う人を「テレワーカー」と称し、「1週間に8時間以上、職場以外でICTを使って仕事をする人」。従業員が自宅を仕事場にする「在宅勤務」、移動中に好きな場所で仕事を行う「モバイルワーク」、勤務先以外に設けられた専用スペースを利用する「施設利用型勤務」の3種類に大別される。「リモートワーク」ともいう。

\ 用語の使い方 /

ICTを活用し、テレワークを推進しましょう。

| Satellite Office | word 021 |

サテライトオフィス

企業が本社から離れた場所に設置した小規模のオフィス

企業が本社から離れた場所に設置した小規模のオフィスのこと。本社を惑星にたとえ、衛星（サテライト）のように存在するオフィスという意味から命名。サテライトオフィスでの勤務は「テレワーク」の1つの種類「施設利用型勤務」に含まれる。都心の企業が郊外や地方に、地方の企業が都心に設置するケースがあるほか、レンタルオフィスなどもある。働き方改革の一環として働き方の多様化を促進するうえでも、多くの企業でサテライトオフィスの導入が注目されている。

＼ 用語の使い方 ／

このレンタルのサテライトオフィス、うちの本社より大きいわ。

| Nomad Work | word 022 |

ノマドワーク

オフィスを持たず、時間と場所に囚われない働き方

インターネットがつながればこんなところでも

ノマド（Nomad）は「遊牧民」という意味。特定のオフィスを持たず、Wi-Fi環境のあるカフェなどで、PCやタブレット型端末などを使って働く、時間と場所に囚われないスタイル。明確な定義はないが、「テレワーク」の1つ「モバイルワーク」は社員が社外で仕事をするのに対して、ノマドワークは、どことも雇用契約を結んでいないフリーランスが中心。自分の好きなように働けるメリットがある一方、自己管理や1人きりの仕事などが苦手な人には不向きとも言われている。

＼ 用語の使い方 ／

仕事の依頼はないけど、ひとまず**ノマドワーク**を始めました。

| Groupware | word 023 |

グループウェア

組織の内部で情報共有のために活用するソフトウェア

組織の内部で社員同士がネットワーク環境を利用し、情報共有のために活用するソフトウェア。スケジュールやドキュメント、タスクなどの共有や、コミュニケーションを目的とした様々な機能を備えている。主な例として、電子メールや社内SNS、電子掲示板、スケジュール管理、ワークフロー、ドキュメント共有、勤怠管理などが挙げられる。グループ単位のプロジェクトの立ち上げや事業計画の実行など、複数の人間が共同作業をスムーズに行えるメリットがある。

\ 用語の使い方 /

共同作業が苦手でも、グループウェアは使いましょう。

| Web Conference | word 024 |

Web会議

インターネットを経由し、遠隔地と意思疎通を図る会議

インターネットを経由し、離れた場所にいる社員同士が映像と音声を送信しあい、意思疎通を図る遠隔会議。グループウェアの機能の1つ。PCやスマートフォンなどを使えば、いつでもどこでも会議や打ち合わせをすることが可能。コストや移動時間の削減、コミュニケーションの活性化などが期待できる。また、遠隔会議としては「テレビ会議」を導入している企業もあるが、Web会議と比べ、各拠点に専用機材を設置する必要性やその費用の負担などのデメリットがある。

\ 用語の使い方 /

Web会議に参加したいけど、Wi-Fi環境はどこ？

| Coworking Space | word 025 |

コワーキングスペース

場所にとらわれない働き方をする人のための共同利用型オフィス

「テレワーク」を行っている会社員やフリーランス、起業家など、場所にとらわれない働き方をする人のための共同利用型オフィス。同じ組織に属さず、仕事の関係性もない人たちが同じ空間に集まり、作業スペースやネットワーク環境などを共有しながら、それぞれ独立した仕事を行う。積極的な交流やコミュニティの創出を促進しているものが多い。主に孤立した環境で働いている利用者同士が、お互いに刺激を受けることで、仕事にも好影響が生まれることが期待される。

＼ 用語の使い方 ／

コワーキングスペースの交流が楽しすぎて、仕事になりません。

| Free Address | | word 026 |

フリーアドレス

社員が固定席を持たず、自由に席を選択できるオフィススタイル

「フリー（自由な）＋アドレス（所在）」を意味する和製英語。職場で社員一人ひとりが固定席を持たず、仕事の内容や状況に応じて、空いている席を自由に選択して働くことができるオフィススタイルのこと。メリットは、オープンスペースの有効活用や他部署の社員とのコミュニケーションの向上、それに伴うコラボレーションの増加など。デメリットとしては、同じ部署におけるコミュニケーション不足、席の移動の自由さによる集中力の低下などが挙げられる。

\ 用語の使い方 /

フリーアドレスと言いながら、隣の人はいつも同じです。

第1章 日常会話ですぐに使える「人事総務系」ビジネス用語

| Side Job / Part-time Job | word 027 |

副業・兼業

収入や経験を得るためにやっている本業以外の仕事

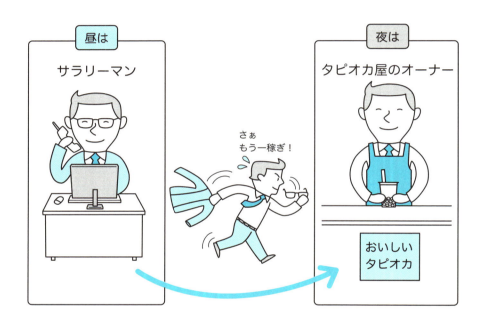

収入を得るために働いている本業以外の仕事を指す。深刻な人手不足の中、政府は働き方改革の一環として副業・兼業を推進。2018年1月、厚労省がモデルとして示す就業規程「モデル就業規則」が改定され、労働者が守るべき「許可なく他の会社等の業務に従事しないこと」という規定が削除された。これにより、実質、従業員の副業・兼業が可能になった。しかし、過重労働の助長や人材の流出、秘密の漏洩などのリスクが懸念されることから、副業・兼業を認めない企業も多い。

＼ 用語の使い方 ／

会社は認めてくれたのに、肝心の副業・兼業が見つかりません。

| Elder System | word 028 |

エルダー制度

先輩社員が新入社員とペアを組み、仕事をサポートする制度

　エルダー（Elder）は「先輩、年長者」という意味。先輩社員が教育係（エルダー）として新入社員とペアを組み、マンツーマンで仕事をサポートする制度。比較的年齢が近い先輩社員が実務指導をしたり、職務上の相談役を担うことが基本。近い制度として、新入社員の精神的なサポートを行うために、同じく先輩社員が専任者（メンター）として対応する「メンター制度」がある。どちらも、新入社員に働きやすい環境を提供し、優秀な人材の離職率を下げる効果が期待されている。

＼ 用語の使い方 ／

エルダー制度に救われたので、今度は自分がエルダーになります。

| Cafeteria Plan | word 029 |

カフェテリアプラン

従業員がポイントの範囲内で補助を受けられる福利厚生制度

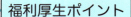

福利厚生ポイント

200ポイント　海外旅行
100ポイント　京都旅行
50ポイント　温泉

これが弊社の
福利厚生ポイントです

ポイント5倍デーとか
ありませんか？

ハイッ！

名前の由来は、好きな飲食物をメニューから注文できる「カフェテリア」。従業員一人ひとりにポイントが付与され、その所有ポイントの範囲内で自由に多種多様な福利厚生サービスを受けられる制度。主なメニューの例としては、住宅や育児、資格取得、旅行・宿泊などの費用補助が挙げられる。企業にとっては従業員のニーズに公平に対応できるため、従業員の満足度を高められること、福利厚生費を管理しやすくなることなどのメリットがあり、導入する会社が増えている。

＼　用語の使い方　／

今年度こそ、カフェテリアプランのポイントを使い切るわ！

| Interrship | word 030 |

インターンシップ

学生が在学中に企業や組織などで就業体験をする制度

学生が在学中に企業や公的機関などで一定期間、特定のプログラムに則って就業体験をする制度。「インターン」とも略される。主に、大学3年生の夏休みや冬休みに参加する学生が多く、期間は1日、1週間、1ヵ月など、企業によって様々。アルバイトとは違い、基本的に無給。学生としては、就職活動の前に、業界・業種の理解や自分の適性の把握、就業意識の向上などが望める一方、企業としては、企業・業界のPR、職場の活性化、優秀な人材の発掘などのメリットがある。

＼ 用語の使い方 ／

就活以前に、**インターンシップ**に採用されることが大変だ。

| ARCS Model | word 031 |

ARCS（アークス）モデル

学習者の意欲を向上させる方法をモデル化したもの

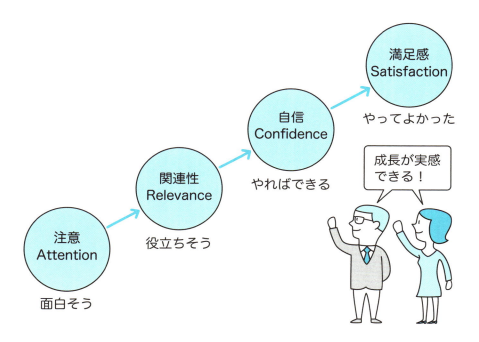

学習者の意欲を向上させる方法をモデル化したもの。そのために必要な4つの要素「注意（Attention）、関連性（Relevance）、自信（Confidence）、満足感（Satisfaction）」の頭文字をつなげたのが「ARCS（アークス）」。「面白そう（A）→役に立ちそう（R）→やればできる（C）→やってよかった（S）」という流れで学習モデルを体験させるシステムで、その実用性の高さから、教育の現場だけではなく、企業においても社員研修や教材作成など、幅広く導入されている。

\ 用語の使い方 /

ARCSモデルのおかげで、学習意欲が高まってきたよ。

| Assessment | word 032 |

アセスメント

企業が人材の配置などにあたり、適性を事前評価すること

英語で主に「査定、評価」を意味する。特に人事部門におけるアセスメントは「人材アセスメント」と呼ばれ、企業の中で人材を配置、昇進、育成するにあたり、その人物の適性を事前評価することを指す。アセスメントを実施する際は、長所や短所をはじめ、能力、言動、態度、価値観など、客観的な基準を設け、それを満たしているかどうかという視点から評価を下すことになる。組織や人材の現状を把握し、課題を解決する上でも、アセスメントの重要性は高まっている。

＼ 用語の使い方 ／

アセスメントさえなければ、あのとき昇進できたのに……。

| Role Model | word 033 |

ロールモデル

自分にとって行動や考え方の模範となる人物

自分にとって、具体的な行動や考え方の模範となる人物のこと。常に「こんなとき、あの人ならどうするだろう?」と考えられる対象がいると、その影響を受けながら、学習し、模倣することによって、自分自身の成長につながると言われている。特にビジネスの分野では、会社の直属の上司や先輩社員など、身近であるほど効果的。社員のモチベーションが上がり、組織の活性化にもつながることから、多くの企業では、ロールモデルになり得る人材の育成が重要視されている。

\ 用語の使い方 /

どうすれば誰かのロールモデルになれるのでしょう?

| PDS Cycle | word 034 |

PDSサイクル

目標達成に向けて業務を継続的に改善していく手法

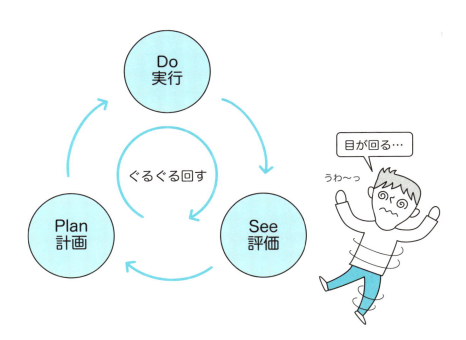

目標達成に向けて、業務を継続的に改善していくマネジメント手法。「Plan（計画）→Do（実行）→See（評価）」の頭文字を取ったもの。具体的には「業務計画の作成→計画の実行→実行した結果の評価」という3つの段階を経て、改善点を抽出し、次のPDSサイクルの「P」につなげていく。こうした流れを「PDSサイクル」と呼び、何回か繰り返すことによって業務を改善し、目標を達成する。同様の手法で「PDCAサイクル」（P.184参照）がある。

＼ 用語の使い方 ／

PDSサイクルを通じて、自分を成長させるべき。

もう死語!? 今さら聞けない
クスっと笑えるおじさん世代のビジネス用語

あごあしまくら
あごあしまくら

「あご（顎）」は食費、「あし（足）」は交通費、「まくら（枕）」は宿泊費を意味する。講演会や接待ゴルフなどで、主催者がゲストの食事代・交通費・宿泊費を負担することを言う。「今回の講演は、あごあしまくら付きで……」などと表現する。日帰り出張など、宿泊費の出ない「あごあし付き」の場合もある。バブルの頃は当然だった「あごあしまくら付き」も現在ではあまり耳にしなくなった。「あごあしまくら付きの時代が懐かしいなあ」という、おじさんたちの溜息が聞こえてきそうだ。

ロハ
ろは

無料（タダ）という意味。漢字の「只（ただ）」を分解すると「ロ」と「ハ」になることに由来する。大正時代から昭和初期にかけて流行った若者言葉だったが、今では主にオヤジ世代が使っている。ビジネス用語に分類されるが、俗語なので、公式な文書でお目にかかることはまずない。気心が知れた相手に「追加分はロハにしてくれない？」などと、くだけた調子で使われることが多い。主に「タダにしてほしい」側が使う言葉。金銭に拘わることだけに、軽々と口にするのは控えたいものだ。

島流し
しまながし

かつては、罪人を島または遠くの地へ送ることを意味した。ビジネスシーンにおいては、遠方や不便な場所へ転勤させられること、または、今の役職から降格することなど、望まない人事異動（左遷）を指す言葉。最近では、「島流し」＝「左遷」とは限らない。優秀な人材をあえて厳しい環境に転属させ、経験を積ませることもあるからだ。いずれにしても、コンプライアンスが問われる時代、部下に「俺に従わないと島流しにするぞ！」などと言ったら、パワハラで自身が降格するかもしれないと心せよ。

Column 01

てっぺん   てっぺん

深夜0時（24時）のことを意味する。アナログ時計の長針・短針が文字盤の一番上（てっぺん）を指すことからきている。主に深夜の仕事が多い芸能界やアニメ業界で、「今夜もてっぺん越えだ」「てっぺんを越えるから気合いを入れろ！」といった使い方をする。てっぺん越えの深夜労働が続く職場は、「ブラック企業」として指導の対象になるかもしれないので要注意だ。一般的には「一番上」や「トップ」といった意味でも使われる。その場合は、「てっぺんを取った！」と表現する。

ホウ・レン・ソウ   ほうれんそう

「ホウ→報告」「レン→連絡」「ソウ→相談」の3つの要素で構成された造語。漢字で「報連相」と表現することもある。上司からの指示に対して、部下が状況報告・結果を共有することを意味する。仕事を円滑に進めるために必要なコミュニケーションの基本として、新入社員の研修などでよく紹介される。1982年に山種証券が社内キャンペーンとして始めたことがきっかけと言われている。質の高い報連相は組織力やチーム力の向上につながるが、やたらと「ホウ・レン・ソウ！」を連呼するだけの上司には辟易することも。

第2章 これだけは覚えておきたい「経営系」ビジネス用語

| Corporate Governance | word 035 |

コーポレートガバナンス

企業経営を統制し、監視する仕組み

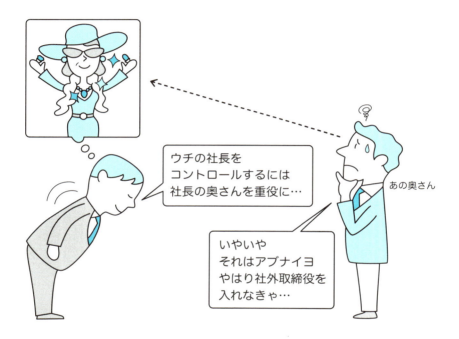

ウチの社長を
コントロールするには
社長の奥さんを重役に…

あの奥さん

いやいや
それはアブナイヨ
やはり社外取締役を
入れなきゃ…

　ガバナンス（Governance）は、統治のことで、コーポレートガバナンスは、企業経営を統制し、監視する仕組みのこと。粉飾決算や悪質な雇用問題など、企業の不祥事によって、株主をはじめとした利害関係者の利益を損失させたり、社会に悪影響を及ぼすことを防止し、企業の価値を最大化することを目的としている。具体的な取り組みとしては、社外取締役・監査役の設置、株主との建設的な会話、内部統制システムの構築、適切な情報開示などが挙げられる。

＼ 用語の使い方 ／

コーポレートガバナンス もできたし、あとは利益ね。

| Compliance | word 036 |

コンプライアンス

企業が法律や規則を守り、しっかりと業務を遂行すること

英語で「従うこと」を意味し、ビジネス用語としては「法令遵守」。つまり、企業が法律や規則を守り、しっかりと業務を遂行すること。近年の日本では、大手企業の不祥事が相次いだことから、利害関係者への悪影響や社会的信用の低下、損害賠償請求などを防ぐため、コンプライアンスが重要視されている。そこで、数多くの企業では、社内の相談窓口や社外チェック機関の設置、社内ルールの明確化、コンプライアンス研修の実施などの対策が急速に進められている。

＼ 用語の使い方 ／

コンプライアンスの徹底にはトップのリーダーシップが必要。

| Media Literacy | word 037 |

メディアリテラシー

各種メディアの情報を見極め、活用する能力

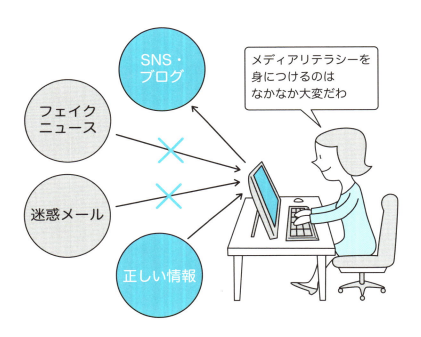

リテラシー（Literacy）は「読み書き能力」という意味。メディアリテラシーは、インターネットやテレビ、出版物などの各種メディアの情報を見極め、活用する能力のことを言う。特にインターネットの普及により、誰もが様々な情報を入手可能になった一方、TwitterなどのSNSにおいて、偏向した情報や明らかなデマ、出所不明の曖昧な情報などが拡散するようになった。その結果社会問題に発展するケースが増加しているだけに、現代人にはメディアリテラシーが不可欠である。

＼ 用語の使い方 ／

SNSでの炎上が嫌なら、メディアリテラシーを学びたまえ。

| Accountability | word 038 |

アカウンタビリティ

担当や権限を持つ事柄について説明する責任

アカウンタビリティ（Accountability）は、説明責任という意味。アメリカでは「会計の説明責任」のみを指していたが、日本では会計に限定されることなく、担当や権限を持つ事柄について説明する責任という意味で使われている。企業経営において、株主や消費者に対して、常に企業の方針や考え方、現状などを説明することが求められる。適切なアカウンタビリティが透明性を高め、企業の暴走や不正などを阻止し、健全性を保つことにつながるとされている。

＼ 用語の使い方 ／

行動しなかったことのアカウンタビリティも重要です。

| Agenda | word 039 |

アジェンダ

今後なされるべき検討課題

語源は「なされるべきこと」を意味するラテン語で、英語では「予定表」や「計画」など。主に、今後なされるべき検討課題のことを指す。ビジネスシーンにおけるアジェンダは、会議や打ち合わせでの検討課題、すなわち議題のこと。似た言葉として比較される「レジュメ」は、「要約」を意味するフランス語から由来し、会議の内容などの要点をまとめたものである。政治の世界でも、政治家が重要な政策や政策を実施するための行動計画を提唱するときに用いられる。

\ 用語の使い方 /

アジェンダを作ることが、今の私の**アジェンダ**です。

| Deconstruction | word 040 |

デコンストラクション

事業の定義やルールなどを変え、新しい事業構造を創出すること

第2章 これだけは覚えておきたい「経営系」ビジネス用語

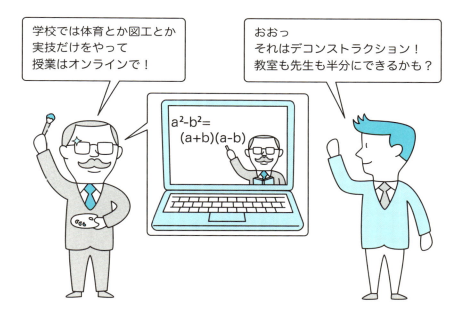

フランスの哲学者ジャック・デリダが掲げた哲学用語で、日本語では「脱構築」と訳される。ビジネス用語としては、それまで当たり前とされてきた事業の定義やルールなどを根本的に変え、新しい事業構造やビジネスモデルを創出すること。世界有数のコンサルティング会社、ボストンコンサルティンググループが経営コンセプトの1つとして提唱している。具体例としては、インターネットを利用した新卓販売やコンビニエンスストアによる無人レジなど。

＼ 用語の使い方 ／

我が社もデコンストラクションで生き残りたいものだ。

| Breakthrough | word 041 |

ブレイクスルー

目の前の困難な状況を突破し、成長を遂げること

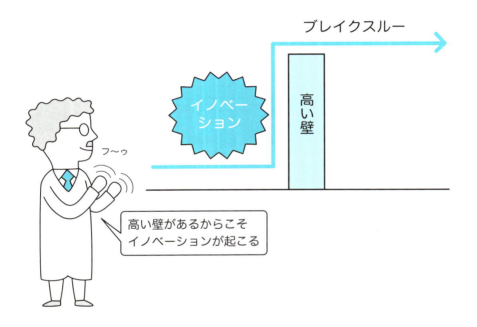

ブレイクスルー（Breakthrough）は、「Break（破壊する）」して、「Through（通り抜ける）」という意味。それが転じ、目の前の困難な状況を突破し、成長を遂げることを指す。こうした困難な状況自体に価値を見出し、すべてを「順調な試練」として受け止め、成長の糧にしていく発想法を「ブレイクスルー思考」と呼ぶ。必ずしも順調に物ごとが進むとは限らないビジネスシーンにおいて、企業やビジネスマンにとって大切な思考法とされる。

＼ 用語の使い方 ／

先日ブレイクスルーできたのに、また目の前に壁が……。

| Re-engineering | word 042 |

リエンジニアリング

業務プロセスを抜本的に再構築すること

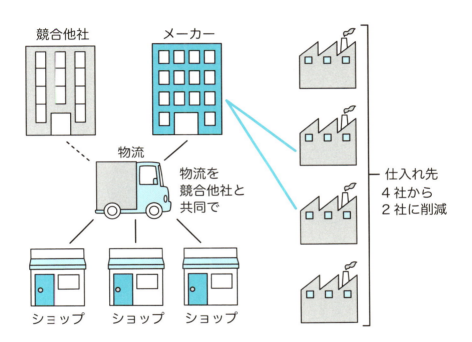

業務プロセスを改善するのではなく、何もない状態から抜本的に再構築すること。1990年初頭に発売された、アメリカのマイケル・ハマー氏とジェイムズ・チャンピー氏の共著『リエンジニアリング革命』によって世界的に普及した考え方。近年は、ITの活用によって大きな効果が期待されている。類似した用語として「リストラ」があるが、人員整理や不採算部門からの撤退など、事業構造を組み替える経営手法であり、現状の業務プロセスは肯定している。

\ 用語の使い方 /

当社も、リエンジニアリングによって何とか生き残りました。

第2章 これだけは覚えておきたい「経営系」ビジネス用語

| Conglomerate | word 043 |

コングロマリット

異業種の企業を吸収・合併し、多角的経営を行う巨大企業

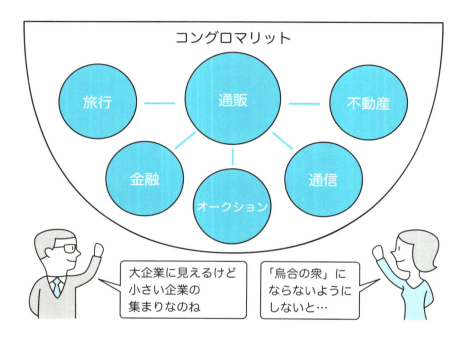

コングロマリット（Conglomerate）は、丸く固まったという意味で、相互に直接関係していない様々な異業種企業を吸収・合併し、多角的経営を行う巨大企業のこと。「複合企業」とも呼ぶ。企業を吸収・合併することによって、自社にはない事業やノウハウを効率的に入手できるため、一から形成する手間が掛からないというメリットがある。代表例としては、ソフトバンクや楽天、DMM.comなどのIT企業による、金融事業など多様な事業への新規参入が挙げられる。

＼ 用語の使い方 ／

あんなに小さかった当社が**コングロマリット**になるとは……。

| Sustainability | word 044 |

サステナビリティ

商品やサービスを提供し続ける可能性を維持していくこと

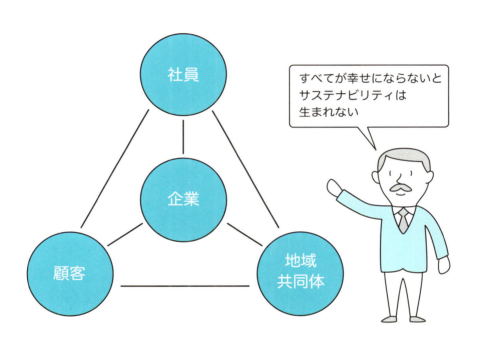

すべてが幸せにならないとサステナビリティは生まれない

「持続可能性」を意味し、もともとは、環境保護活動の分野において、自然と共生する持続可能な社会システムを目指す用語として使われていた。その後、企業活動の分野で、企業が利益を追い求めるだけではなく、環境・社会・経済に与える影響を考慮し、長期的に企業を運営し続ける可能性を維持していくことにも使われる。企業のサステナビリティとしては、社会貢献活動（CSR）や環境保護活動にも積極的に取り組み、顧客の共感を得ていくことが重要視されている。

\ 用語の使い方 /

利益だけでなく、サステナビリティも求めなさい。

| Mass Marketing |　　　　　　　　　　　　　　　　　　　| word 045 |

マスマーケティング

すべての消費者に画一的な方法で展開するマーケティング

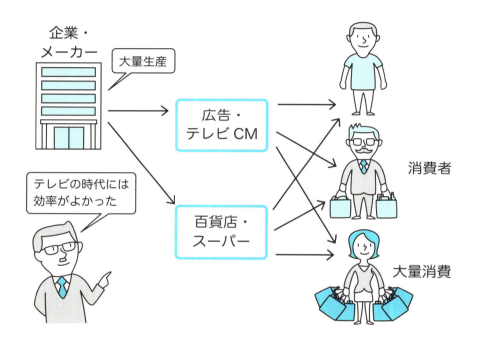

大量生産、大量販売、大量プロモーションを前提として、すべての消費者に対して、テレビCMや雑誌広告などの画一的な方法で展開するマーケティング。高度成長期に、マーケットリーダー（業界のトップ企業）が実践し、シェアを一気に確保する戦略として有効だった。しかし、消費者の価値観が多様化した現代では、効果は薄く、地域に対応した「エリアマーケティング」や特定顧客層を対象にした「ターゲットマーケティング」の重要性が増している。

＼ 用語の使い方 ／

今やマスマーケティングの時代ではないのかもなあ。

| Stealth Marketing | word 046 |

ステルスマーケティング

消費者に広告と悟られないように行うマーケティング

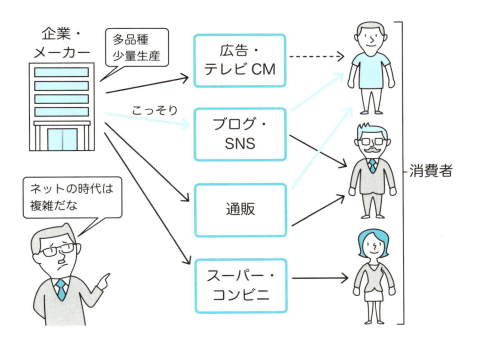

ステルス（Stealth）は「隠密」を表す。消費者に広告と悟られないように行うマーケティングのことを指す。略して「ステマ」とも呼ばれる。近年はインターネットで用いられることが多く、インフルエンサーを活用して、SNSやブログなどに、（報酬を得ていることを意図的に隠しながら）商品やサービスなどに好意的な意見を掲載してもらうことによって、消費者に購買意欲を抱かせる方法。日本で古くから「サクラ」や「ヤラセ」と呼ばれている行為に近いと言われている。

＼ 用語の使い方 ／

また、ステマにダマされました……。

| Experience Marketing | word 047 |

イクスピアリアンス・マーケティング

楽しくて心に残る経験の提供を目的としたマーケティング

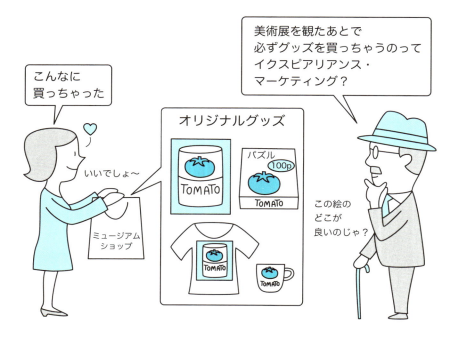

イクスピアリアンス（Experience）は、経験のこと。商品の販売やサービス提供に至るまでのプロセスで、消費者に楽しく心に残る経験や体験を提供することを主眼としたマーケティング。結果的に熱心なファンを増やし、利益を上げることができる。その一例が、2000年に千葉県浦安市の東京ディズニーリゾート内にオープンしたショッピングモール「イクスピアリ」。施設全体が「物語とエンターテインメントにあふれる街」というコンセプトで運営されている。

＼ 用語の使い方 ／

イクスピアリアンス・マーケティングの経験はまだです。

| Entrepreneur | word 048 |

アントレプレナー

新しい事業を立ち上げて経営に乗り出す起業家

「仲買人、貿易商」という意味を持つフランス語の「Entrepreneur（アントルプルヌール）」が語源。新しい事業を立ち上げて経営に乗り出す人、つまり起業家のこと。同じアントレプレナーでも、1つの事業にとどまらず、複数の事業を積極的に連続して立ち上げる起業家は「シリアルアントレプレナー」。それに対して、企業の中で新しいビジネスやプロジェクトなどをリーダーとして立ち上げる「社内起業家」や「企業内起業家」のことを「イントレプレナー」と呼ぶ。

＼ 用語の使い方 ／

アントレプレナーになりたい気持ちは人一倍あります！

| Visionary | word 049 |

ビジョナリー

将来を見通した展望を持ち、新たな事業を具現化する人

直訳すると「先見の明がある」人。ビジネス分野では、将来を見通した新しいビジネスモデルを作り、成功させた人のこと。代表例は、Appleの創業者スティーブ・ジョブズ。スマートフォンのiPhoneというハードを開発すると同時に、デジタル音楽やアプリを購入できるシステムを構築して、スマートフォンに無限の可能性を与え、ハードとソフト両面でビジネスを成功させた。また、先見性のある未来志向型の企業を「ビジョナリー・カンパニー」と呼ぶ。

＼ 用語の使い方 ／

「ビジョナリーになれる」と豪語する君にビジョンはない。

| Stakeholder | word 050 |

ステークホルダー

企業経営における利害関係のある人や団体

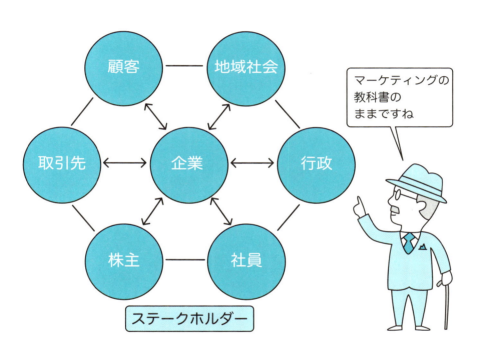

企業経営における利害関係者のこと。ステーク(Stake)は「杭」のことで、「権利」を意味する。具体的には、株主や経営者、従業員、顧客、取引先、金融機関、競合企業、地域社会、行政機関など、自社と直接的および間接的に影響を受けたり、与えたりする人や団体が該当する。すべてのステークホルダーの利害が一致することはないため、企業はそれぞれのステークホルダーとコミュニケーションを取りながら成長し、収益を上げていくことが求められる。

\ 用語の使い方 /

振り向けばまた、我が社のステークホルダーがいました。

| Core Competence | word 051 |

コアコンピタンス

他社がマネできない、自社ならではの強み

英語で「核となる能力」を意味し、ビジネス用語としては、他社がマネできない、自社ならではの強みのことを言う。例えば、技術力やブランド力、経営スタイル、物流ネットワーク、生産方式など。市場において、一企業が多数の競合他社に打ち勝ち、生き残っていくためには、顧客を満足させるとともに、利益も生み出せるコンピタンス（能力）を持つことが不可欠。企業経営を長期的に継続していく上で、常にコアコンピタンスのレベルを高めていくことも重要である。

＼ 用語の使い方 ／

成長する会社にはコアコンピタンスがありますね。

| Competitor | word 052 |

コンペティター

同じ業界でライバルとなる企業

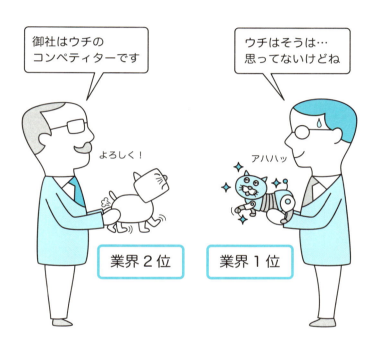

コンペティター（Competitor）は、英語で「競争相手」を意味し、ビジネスにおいては、商売上の競争相手、つまり競合他社のこと。一般的には、同じ市場に同じ商品やサービスを提供している企業を指すが、ハンバーガーショップと牛丼屋など、まったく違う商品を提供していても、ランチ市場を取り合うという意味でコンペティターとなる場合がある。どの企業を自社のコンペティターと考えるかは、自社をどのような企業と設定するのかと同様に、経営戦略上の重要事項といえる。

＼ 用語の使い方 ／

私の仕事は**コンペティター**が多すぎなので困っています。

| Consumer | word 053 |

コンシューマー

一般消費者やユーザー、購入しない生活者など

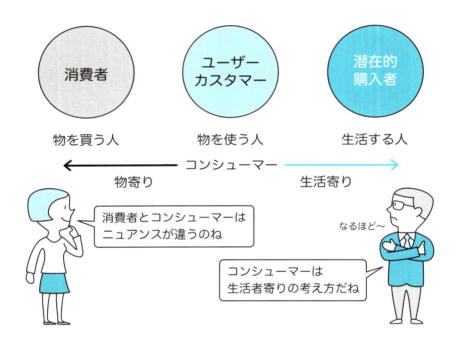

コンシューマー（Consumer）は、英語では「消費者、購入者」という意味だが、ビジネス用語としては、消費者や購入者という意味だけでなく、ユーザー、潜在的購入者、生活者（購入しない人）などの広い意味を持つ。無料サービスの利用者など、購入せず、消費もしない人も、コンシューマーだ。コンシューマーの関連用語としてよく知られている「コンシューマー・ゲーム」は、一般の人が家で遊べる家庭用ゲーム機のことで、ゲームセンターの大型ゲーム機と区別されている。

＼ 用語の使い方 ／

この商品はコンシューマーからの評価が軒並み高いね。

| Startup | word 054 |

スタートアップ

新たなビジネスモデルを構築し、短期間での急成長を目指す事業

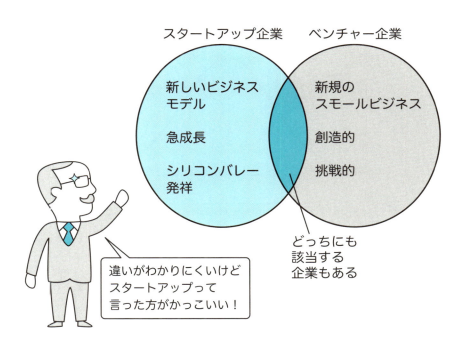

スタートアップ企業 / ベンチャー企業

- 新しいビジネスモデル
- 急成長
- シリコンバレー発祥

- 新規のスモールビジネス
- 創造的
- 挑戦的

どっちにも該当する企業もある

違いがわかりにくいけどスタートアップって言った方がかっこいい！

新たなビジネスモデルを構築し、新たな市場を開拓することによって、短期間での急成長を目指す事業。一般的に、法人そのものではなく、起業や新規事業立ち上げのことを指す。近年はIT業界を中心に続々と誕生し、短期間での急成長の先には、巨額の対価を狙う事業譲渡や新規株式公開などのゴールが設定されていることが基本である。そうした点が、新興企業として新規のスモールビジネスを展開し、収益の安定化や規模の拡大を目指していく「ベンチャー企業」とは異なる。

\ 用語の使い方 /

投資家や大企業に注目される**スタートアップ**を手掛けたい。

第2章 これだけは覚えておきたい「経営系」ビジネス用語

| Innovator | | word 055 |

イノベーター

新しい物をいち早く受け入れ、支持する層

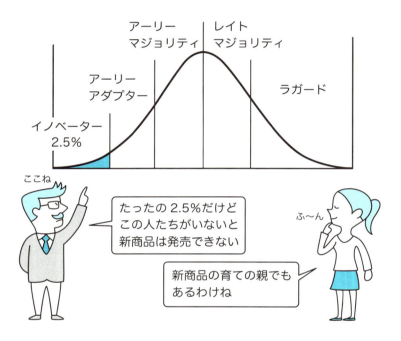

英語で「革新者」を意味する。商品やサービス、ライフスタイルなどに関して、新しい物をいち早く受け入れ、支持する層のこと。「新しさ」に対する好奇心が強く、商品などの良し悪しよりも「新しさ」を最優先し、その製品やサービスが成長することへの投資と考える傾向がある。アメリカの社会学者エベレット・ロジャースの「イノベーター理論」では、市場全体の約2.5%を占めるが、アーリーアダプターのように、市場全体を大きく動かすほどの影響力はないとされる。

＼ 用語の使い方 ／

イノベーターって、結局はただの新し物好きよね？

| Early Adopter | word 056 |

アーリーアダプター

新商品を比較的早期に購入する人たち

商品やサービス、ライフスタイルなどに関して、新しい物を比較的早期に受け入れ、購入する人たちのこと。アメリカの社会学者エベレット・ロジャースの「イノベーター理論」の用語の1つ。新しい物を受け入れるスピードで消費者を5層に分類した場合の、早い方から2番目。アーリーアダプターは最も早いイノベーターの5.4倍にあたる、約13.5％を占める。新しい価値観と常識的な価値観を兼備しており、この人たちが購入した新商品やサービスはヒットしやすいとされる。

＼ 用語の使い方 ／

アーリーアダプターになりたいけど、お金がありません。

| Laggard | word 057 |

ラガード

新しい物を最後に受け入れるか、あくまで受け入れない人たち

市場に新しい物が普及しても、最後になってようやく受け入れるか、最後まで受け入れない人たちのこと。新しい物を受け入れるスピードで消費者を5層に分類した場合、最もスピードが遅い。世の中の新しいトレンドに対して、基本的に関心がない、もしくは消極的・否定的な態度を取り、旧来の物を重視する保守的な傾向がある。市場全体の約16％と、決して少なくはないが、企業などが新しい物をアピールしても反応が薄いため、アプローチする価値が低いと判断される。

\ 用語の使い方 /

お金はないけど、ラガードにはなりたくありません。

| Persona | word 058 |

ペルソナ

商品やサービスにとって核となる具体的なユーザー像

もともとはラテン語で「仮面」という意味。ビジネスシーンでは、企業などが提供する商品やサービスの核となる「ユーザー像」を言う。氏名、年齢、性別、居住地、職業、勤務先、年収、家族構成、趣味、性格など、詳細な情報を具体的に設定し、あたかも実在するかのような人物像を創出して、そのライフスタイルや嗜好などに合わせた商品・サービスを作っていく。実際に商品の購入やサービスの利用を行う消費者のイメージを明確にできるメリットがある。

\ 用語の使い方 /

ペルソナを理解した今、心から望むのはお客様の来店です！

| Bandwagon | word 059 |

バンドワゴン

多くの人の需要があると、その需要がより大きくなる現象

アメリカの経済学者ハーヴェイ・ライベンシュタインが提唱した群集心理の1つ。バンドワゴン（Bandwagon）は、「パレードの先頭の楽隊車」のことで、「バンドワゴンに乗る」は「勝ち馬に乗る、時流に乗る」という意味。ビジネスシーンでは、商品やサービスなどに大きな需要があると、その需要がさらに大きくなる現象のこと。その背景には「個人よりも集団の判断の方が正しい」という思い込みがある。具体例として、行列店やSNSでの反響、書店での本の平積みなどがある。

＼ 用語の使い方 ／

私は自主的に買いました！ バンドワゴンではありません！

| Value Proposition | word 060 |

バリュープロポジション

自社だけが提供できる価値

直訳すると「提供価値」。商品やサービスなどを提供する上で、自社の独自性やメリットを強調して、その価値を高めること。商品そのものの価値や価格で差別化しにくくなっている現在、バリュープロポジションの重要性が高まっている。例えば、自社が小さな酒屋で、近所に酒類を扱う大型スーパーができた場合、品揃えの豊富さでスーパーを凌駕し特徴を出したり、スーパーでは行っていない宅配サービスを行うなどの方法がバリュープロポジションだ。

\ 用語の使い方 /

我が社の**バリュープロポジション**を早く見つけたい！

| Zoning | word 061 |

ゾーニング

店舗において、顧客に魅力的な商品配置をすること

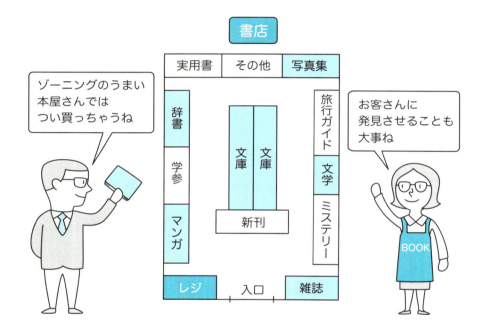

ゾーン（Zone）は区域、領域、空間のこと。ゾーニング（Zoning）は、区域や空間ごとにテーマや用途を設定・計画することをいう。店舗においては、商品の配置を考え、顧客の購買意欲を刺激することが目的。どの商品をどこに、どれくらいのスペースで、どのように配置するかを計画する。顧客の目に止まりやすく、手に取りやすい領域を「ゴールデンゾーン」と呼び、特に重要視され、明確な基準はないが、床上60cmから160cmの範囲とされている。

＼ 用語の使い方 ／

ゴールデンゾーンが全然売れない。これはゾーニングの失敗だ。

| Commodity | word 062 |

コモディティ

一般化したため、差別化が難しくなった商品

コモディティ（Commodity）は、商品という意味。ビジネスシーンでは、日用品のように一般化した商品のことで、食料品、家電など、品質や機能がほぼ同じで、消費者がどのメーカーの物でも構わずに購入しているような商品を指す。市場参入時には高付加価値を持っていた商品が、このように一般化することを「コモディティ化」と言う。コモディティ化は一定の需要が見込めるメリットがある一方、低価格競争を余儀なくされるというデメリットもある。

＼ 用語の使い方 ／

うちの商品もすっかりコモディティになってしまったわね。

第2章 これだけは覚えておきたい「経営系」ビジネス用語

| Value Chain | word 063 |

バリューチェーン

顧客に価値を届けるための一連の活動

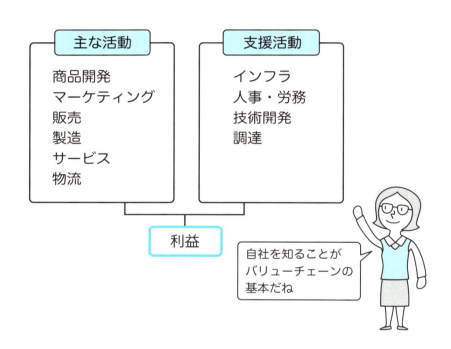

1985年にアメリカの経営学者マイケル・ポーターが提唱した、顧客に価値（バリュー）を届けるための一連（チェーン）の活動のこと。「価値連鎖」とも呼ぶ。商品に付加価値を生み出すプロセスを分析し、業務の効率化や業績向上などを目指す。購買物流、製造、出荷物流、販売など、商品が顧客に届くまでの流れを作る「主な活動」と、人事労務、財務会計、技術開発、調達など、「主な活動」を支える「支援活動」の2つの「連鎖活動」からなる。

＼ 用語の使い方 ／

会社の成長のためにも、**バリューチェーン**の分析が急務。

| Service Profit Chain | word 064 |

サービス・プロフィット・チェーン

従業員満足、顧客満足、企業利益の因果関係を示したモデル

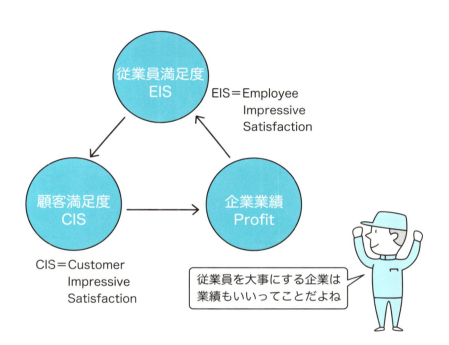

1994年に、アメリカのハーバード大学経営大学院のヘスケット教授とサッサー教授らが提唱した概念。企業経営において、従業員満足を高めると、サービスレベル（サービス・プロフィット）がアップし、それによって顧客満足度が高まり、結果的には企業利益が長期的に上昇するという因果関係（チェーン）を示した。従業員の満足を第一に考える企業が成功した事例などから注目され、従業員満足度調査などが導入されたが、近年は「働き方改革」でも再注目されている。

＼ 用語の使い方 ／

経営のためにサービス・プロフィット・チェーンを学び直そう。

| Subscription | word 065 |

サブスクリプション

サービスなどの利用期間に応じて料金を支払うビジネスモデル

人気のサブスク・サービス

- 音楽聴き放題
- 映画見放題
- 洋服レンタル
- 自転車乗り放題
- パソコンソフト使い放題

サブスクっていうと新しい気がするけど「食べ放題・飲み放題」と同じ「定額制」だよね

イエーイ！

お得な気がする

サブスクリプション（Subscription）は、「予約購読、年間購読」という意味。そこから「有効期間の使用許可」に転じ、現在は消費者がサービスや商品などを購入せず、その利用期間に応じて料金を支払うビジネスモデルのことを指す。動画や音楽、書籍、ゲームなどの分野において、サブスクリプションの人気が高まっている。その背景の1つとして、消費者のモノに対する価値観が「所有することから利用すること」へ大きくシフトしていることが挙げられる。「サブスク」と略される。

＼ 用語の使い方 ／

サブスクリプションのサービスに入りすぎて、毎月金欠だ。

| Monetize | word 066 |

マネタイズ

無料で利用できるサービスを提供し、収益化すること

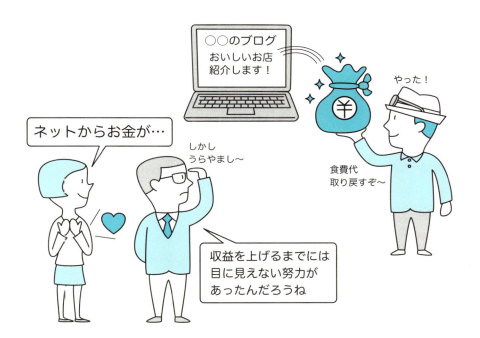

本来は、熱で溶かした金属を型に入れて貨幣を作る「貨幣の鋳造」を意味していたが、2007年頃からインターネットの世界で、無料のサービスによって収益を上げることを指すようになった。大手ポータルサイトやSNS、動画サイトなど、インターネット関連のサービスは無償で提供されるものが数多くあるが、それらを長く存続させるために、広告収入や有料コンテンツなどで利益を上げ、マネタイズを成功させることが必要不可欠である。

＼ 用語の使い方 ／

いつになったら当社のサイトはマネタイズできるのでしょう。

| Idle Economy | word 067 |

アイドルエコノミー

空いているモノや人を活用し、価値を創出する経営戦略

経営コンサルタントの大前研一氏が提唱した、空いているモノや人を活用し、価値を創出する経営戦略。「アイドル」の綴りは「Idol（偶像、人気者）」ではなく「Idle」で、「空いている、使われていない」という意味。アイドルエコノミーを実現させた要因としては、インターネットによって、「空いているモノや人」と「それを求めている人」を結びつけやすくなったことが大きい。宿泊や配車、駐車場など、様々な分野への普及が始まっている。

＼ 用語の使い方 ／

アイドルエコノミーはアイドルを育成するわけではありません。

| Freemium | word 068 |

フリーミアム

基本サービスを無料で提供し、高機能について課金する仕組み

インターネットの普及によってアメリカで生まれた、「フリー（無料）」と「プレミアム（割増）」を合わせた造語。ソフトウェアやゲーム、動画、音楽配信など、基本的なサービスや商品を多数のユーザーに無料で提供する一方、さらに高度な機能や特別サービスなどについては課金して収益を上げるビジネスモデル。「ウェブ上では、95％が無料ユーザーでも、5％の有料ユーザーがいればビジネスは成立する」という「5％ルール」を基本としたフリービジネスの1つである。

\ 用語の使い方 /

フリーミアムにアクセスして無料で済ませる自信がない。

| Empathy Marketing | word 069 |

共感マーケティング

ユーザーの共感を得ることを目的としたマーケティング

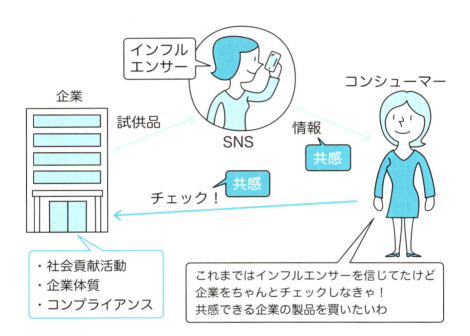

商品の差別化が難しい中で、企業や商品への「共感」が商品選択の重要な要素として注目されている。その「共感」に注目し、商品の認知度を高めたり、販売を促進しようというのが共感マーケティング。手法の1つとして、TwitterやFacebookなどのSNSを利用し、情報発信をすることがある。さらに、インフルエンサー（インターネット上の強力な発信者）の影響力を利用して、自社の商品やサービスの評判を広めていく方法も一般的になり、効果も小さくなりつつある。

\ 用語の使い方 /

当社が共感マーケティングを進めることに共感してください。

| Brand Equity | | word 070 |

ブランドエクイティ

ブランドが持つ資産的な価値

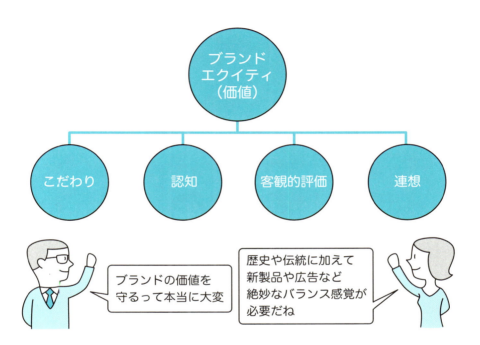

エクイティ（Equity）は、資産から負債を引いた純資産のこと。カリフォルニア大学のデービッド・アーカー教授の著書『ブランド・エクイティ戦略』では、「ブランド名やシンボルと結び付いたブランド資産あるいは負債の集合で、製品やサービスの価値を増減させるもの」と定義されている。企業にとって、ブランドが持つ信頼感や知名度といった無形の価値は、資産として捉えるべきであり、ブランドの有無や良し悪しが経営にも影響を及ぼすと考えられている。

＼ 用語の使い方 ／

あの事件によって当社の**ブランドエクイティ**は下がりました。

| Credo | word 071 |

クレド

企業の価値観や行動規範を明文化した指針

我が社のクレドは12カ条 いつも胸ポケットに入れて サービスを心がけています

ウチはクレドはないけど 毎朝歌っている社歌は クレドみたいなものじゃないか と思います

「信条、約束、志」を意味するラテン語で、企業独自の価値観や行動規範を簡潔に明文化したもの。経営理念や社訓が抽象的な内容に偏りがちであるのに対して、より簡潔かつ具体的な表現を使うこと、従業員が作成や改訂に関わること、実務に直結することなどが特徴。経営者と従業員がクレドを共有することで、会社の考えに沿った自主的な行動や会社の結束力アップなどにつながる効果があることから、近年、多くの企業で導入されている。

\ 用語の使い方 /

クレドだけではなく、自分の仕事も覚えてください。

| SWOT Analysis | word 072 |

SWOT(スウォット)分析

企業を強みと弱み、機会と脅威の4つの項目から評価する手法

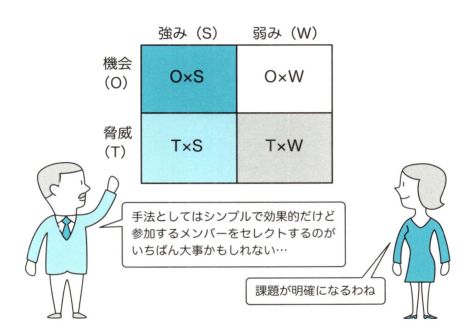

手法としてはシンプルで効果的だけど参加するメンバーをセレクトするのがいちばん大事かもしれない…

課題が明確になるわね

SWOTは「Strength（強み）」「Weakness（弱み）」「Opportunity（機会）」「Threat（脅威）」の頭文字を並べたもの。SWOT分析とは、企業を強みと弱み、機会と脅威の4つの項目から評価する手法。S（競合他社より優れている点）とW（競合他社より劣っている点）を「内部環境」、O（自社に有利な市場の動向）とT（自社に不利な市場の動向）を「外部環境」のカテゴリーに分けて評価し、方向性や改善点などを分析し、今後の戦略を導き出すことを目的としている。

＼ 用語の使い方 ／

SWOT分析によって、我が社が進むべき方向性が見えてきたぞ。

| VRIO Analysis | word 073 |

VRIO（ブリオ）分析

企業の競争優位の持続性を分析する手法

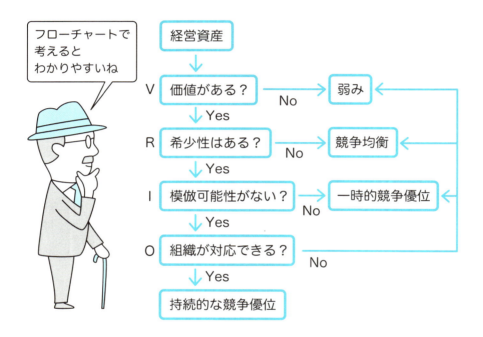

VRIOは「Value（価値）」「Rarity（希少性）」「Imitability（模倣可能性）」「Organization（組織編成）」の頭文字を並べたもの。VRIO分析とは、企業の経営資源（人、物、金、情報）をその4つの視点から評価することにより、企業の競争優位の持続性を分析する手法。経済的価値があるか、希少であるか、模倣が困難であるか、活用する組織体制が整っているかというすべての条件を満たしていれば、その企業が将来にわたって市場で競争優位を持続できるとされている。

＼ 用語の使い方 ／

VRIO分析によって、我が社に足りないものがわかりました。

| Invoice System | word 074 |

インボイス制度 (適格請求書等保存方式)

課税事業者に「インボイス」の発行・保存が義務づけられる制度

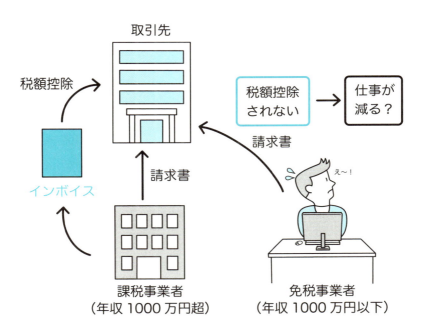

2019年10月の消費税増税と軽減税率導入に伴い、2023年から始まる、課税事業者に「インボイス」の発行・保存を義務づける制度。8%と10%の適用税率や税額などを記載した請求書である「インボイス」のみが税額控除の用件を満たす書類として認められ、発行できるのは税務署で登録した課税事業者（売上高1000万円超）となる。インボイスを発行しない免税事業者（同1000万円以下）は、取引相手から不利な扱いを受ける可能性が高まることが懸念されている。

＼ 用語の使い方 ／

増税だけでも辛いのに、インボイス制度が始まるなんて……。

もう死語!? 今さら聞けない
クスっと笑えるおじさん世代のビジネス用語

二八 — にっぱち

一年を通じて「2月、8月は業績が落ちる」という言い伝えを指す。12月はクリスマスや忘年会があり、1月になれば正月、新年会と出費がかさむイベントが続く。2月は出費を抑えるから売上げが落ちる。同様に8月は盆があるため。また、寒さ暑さが厳しいため客足が減るとも言われる。「二八は売り上げが落ちても仕方がない」といった言い訳にも使われるが、年末年始にかけて売上げが大幅に上がる業種もある。最近では、2割の優秀な社員の売上げが全売上げの8割を占めるという「二八の法則」の略として使われることが多い。

五十日 — ごとおび

毎月の五と十の付く日。5日、10日、15日、20日、25日、30日もしくは末日のことを指す。関西では「ごとび」と発音する。「五十日だから渋滞に気をつけろ」とよく言われるが、この日が決算日や給与支払い日にあたる企業が多く金融機関の窓口や道路が混みやすいとされるためだ。年度末の五十日に雨が降ると、道路の渋滞はさらに激しくなる。また、五十日に決算することを「五十払い（ごとばらい）」と表現する。五十日には日本企業のドル買いが集中する傾向があり、円安・ドル高になりやすいという傾向がある。

いって来い — いってこい

「行って来い」ではなく、「往って来い」と表記されることもあり、「往復」や「元に戻る」という意味。一般的には収入と支出がほぼ同額で、差引勘定に変わりがないことに使う。類語に「トントン」「プラマイゼロ」がある。「売上げは多かったが、経費がかさんだから、いって来いだな」といった使われ方をする。様々な業種で聞かれる言葉で、証券業界では相場が一転して、元の水準に戻ることを指す。歌舞伎用語では、ある場面から別の場面に替わり、また元の場面に戻ることを言う。

Column 02

手弁当 — てべんとう

「無報酬で働く」ことを指す。つまりは、「ただ働き」のことである。元々は自前の弁当を持参することだったが、転じて、報酬をあてにしないで奉仕することを意味するようになった。イベントや選挙活動などのボランティア活動で使われることが多く、その場合は交通費など様々な費用も自分で負担する。最近は活動を継続していくために、有償ボランティアも見受けられる。ビジネスシーンでの手弁当は「最低賃金法」に触れるので、上司に「土日のイベントは手弁当で」と言われたら、きちんと確認した方がいいだろう。

がっちゃんこ — がっちゃんこ

バラバラのものを合わせて1つにすること。ステープラーで留めることを指すこともある。「各自で資料を作って、会議の前にがっちゃんこすればいい」といった使い方をする。経理では合算のことを「がっちゃんこ」と表現することがある。上司に「がっちゃんこしておいて」と指示され、戸惑う新入社員も多い。単純に合体すればいいわけではなく、文書全体の整合性やバランスをとり、1つの資料として成立させなければならない。「がっちゃんこ」にはそれなりの経験とスキルが必要なのである。

| Cloud | word 075 |

クラウド

ネットワークにつながったデータやアプリを活用するサービス

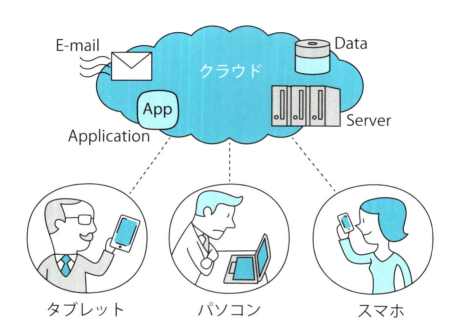

クラウドは雲のこと。クラウド・コンピューティングとも言う。パソコンなどにソフトウェアやデータをインストールしていなくても、ネットワーク上のデータやアプリを利用して、メールやデータストレージ、開発環境、サーバーなど、様々なサービスを利用できる。2006年、当時GoogleのCEOだったエリック・シュミット氏が提唱した言葉といわれ、エンジニアたちが、"ネットワーク"を示すときに"雲"の絵を使うことが多かったからとの説が有力。

＼ 用語の使い方 ／

会社のデータベースをどこでも利用できるのはクラウドのおかげ。

| Artificial Intelligence | word 076 |

AI

人間のように進化したコンピューター

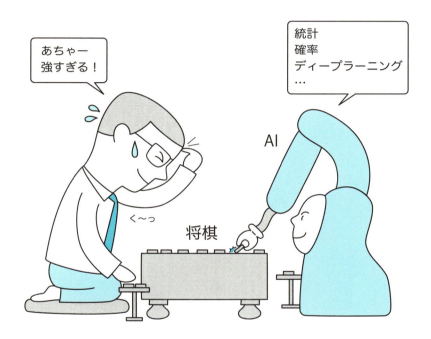

AI（Artificial Intelligence）とは人工知能のこと。コンピューターによって、人の知的な振る舞いを模倣・支援するためのシステムのことを指す。感情を持ったり、まったく新しいものを生み出すような、人間と同じような振る舞いができる真の人工知能はまだ開発されていないが、画像認識や音声認識など特化型の人工知能は開発・普及が進んでいる。スマートスピーカーや将棋AIは既に身近な存在。近い将来に実用化が期待される自動運転技術もAIの1つ。

\ 用語の使い方 /

わからないことはAIに聞こう！

| Artificial General Intelligence | word 077 |

AGI

人間レベルの知能の実現を目指すAI

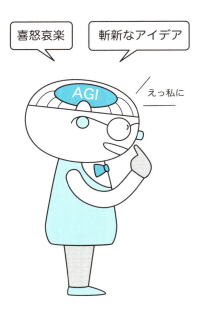

AGI（Artificial General Intelligence）は、汎用型人工知能と訳される。自ら知識を獲得する自律性と、問題解決の糸口を推論できる汎用性を兼ね備え、現在の行動を変化させることができる人間のようなAIのこと。現在ある特化型のAIは、過去のデータを活用するシステムのため、これを集めてもAGIは実現できない。AGI実現のためには、人間の脳や心、感情に学ぶ必要があるとの考えも。AGIの研究開発にはまだ時間がかかるとされる。

＼ 用語の使い方 ／

AGIができたら人間は必要なくなる？

| Technological Singularity | word 078 |

シンギュラリティ

AIが人間の脳を超える転換点

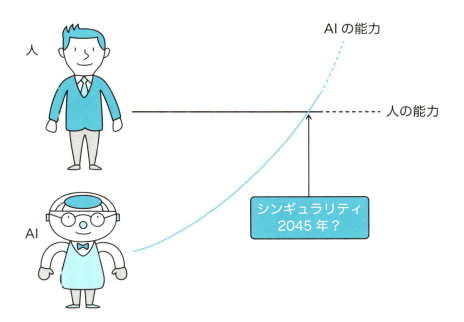

シンギュラリティ（Singularity）は技術特異点と訳される。人工知能研究の世界的権威レイ・カーツワイル博士が2005年に提唱したことで世界的に普及した。汎用人工知能が発達し、人間の想像力が及ばないほどの優秀な知性（スーパーインテリジェンス）が誕生し、人間の生活に大きな変化が起こるとする概念。シンギュラリティがいつになるかは様々な説があるが、カーツワイル博士が2045年頃と述べたこともあって「2045年問題」と呼ばれている。

\ 用語の使い方 /

シンギュラリティは本当に起こるのかしら。

第3章 デジタル時代に必修の「IT&AI系」ビジネス用語

| Deep Learning | word 079 |

ディープラーニング

機械が自動的にデータから特徴を抽出してくれる

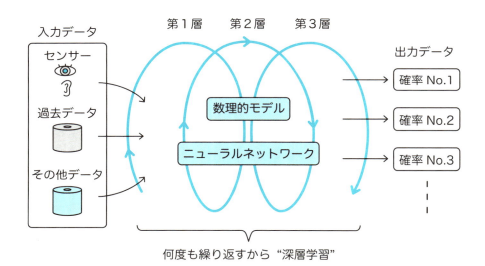

直訳すると「深層学習」。脳機能の特性に似た数理的モデル、ニューラルネットワークと呼ばれる技術を複数の層で使い、人が指示しなくてもコンピューターが学習する機械学習を行う手法。データに含まれる潜在的な特徴を捉え、より正確で効率的な判断ができるようになる。音声認識や画像の特定、予測などに活用され、特定型AIの開発スピードが急上昇する要因となった。写真の検索や音声アシスタント、碁AI、将棋AIなどにも活用されている。

＼ 用語の使い方 ／

人間の顔が判別できるのはディープラーニングのおかげ。

| Big Data | word 080 |

ビッグデータ

膨大かつ多様なデジタルデータ

インターネットの普及やコンピューターの処理能力向上で生み出される数百テラ（1兆）バイトからペタ（1,000兆）バイト級の膨大なデジタルデータのこと。PCやスマートフォンなどの通信機器、小売りのPOSシステム、オンラインショップ、カーナビ、電子カルテ、SNSなどから様々なデータが収集されている。2010年頃から分析・活用がスタートし、ビジネスの効率化や新たな顧客サービス、産業の創出に活用しようという動きが広がっている。

＼ 用語の使い方 ／

あれにもこれにも使われているビッグデータ。

| Data Mining |　　　　　　　　　　　　　　　　　　　| word 081 |

データマイニング

大量のデータを分析し新たな知識を得ること

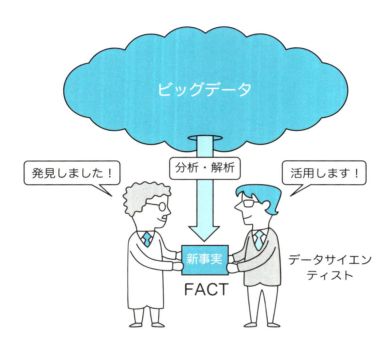

マイニング（Mining）は採掘という意味。企業などが収集した大量のデータを統計学やパターン認識などのデータ解析技法を使って分析し、これまで知られていなかった発見的な知識を得ること、またその技術。事前に仮説を用意しない機械学習と、事前に仮説を立てて行う統計分析の2つの手法がある。データマイニングで得られるのは知識の発見までで、その知識の有用性やどう活用するかは人の判断力となり、それを行う職業をデータサイエンティストと呼ぶ。

\ 用語の使い方 /

データマイニングを行ったらこんな発見がありました。

| Security | word 082 |

セキュリティ

ITの分野で人為的攻撃からの保護

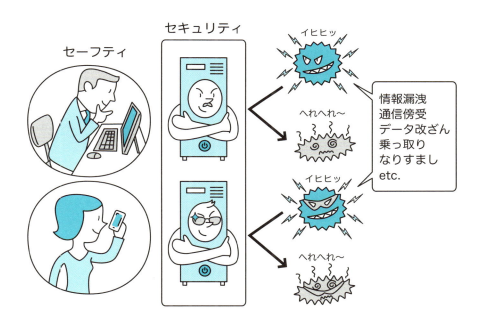

本来は安全、防犯、保安、防衛などの意味で、人為的な攻撃からの保護を指す。ITの分野ではコンピューターやソフトウェア、データ、通信回線などを防御ソフト、暗号、アクセス制限機構などを用いることで技術的に保護すること。これにより情報漏洩や通信の傍受、データ改ざん、消去、コンピューターへの攻撃、乗っ取りなどの危険を排除する。情報セキュリティやサイバーセキュリティ、ネットワークセキュリティなど多数の分野がある。

＼ 用語の使い方 ／

セキュリティはしっかりかけてね。

| Social Networking Service | word 083 |

SNS

ネットで人々をつなげるサービス

Social Networking Service

動画・写真系
Instagram　YouTube

交流系
Facebook

メッセージ系
Twitter

ソーシャル・ネットワーキング・サービスの略。ソーシャルメディアともいう。ネット上で社会的（ソーシャル）なネットワーク（つながり）を構築することを目的としたサービスの総称。Facebookのような会員同士で情報交換や意見交換ができる交流系SNSや、会員同士のメッセージのやり取りをメインにしたメッセージ系SNS、InstagramやYouTubeのような写真・動画系SNSがある。近年は、マーケティングやビジネスなどにも広く活用されている。

＼ 用語の使い方 ／

弊社もSNSを使ってヒット商品を生み出したい。

| Influencer | word 084 |

インフルエンサー

ブログやSNSで大きな影響力を持つ人物

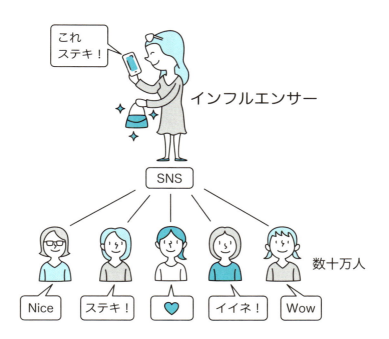

元々の意味は、世間に与える影響力が大きい人物を指す。ITでは特にSNSやブログで多数のフォロワーを有し、ユーザーや世間の動向に影響力を持つ人物のこと。フォロワーが1万〜10万人の場合、マイクロインフルエンサー、数千人レベルだとナノインフルエンサーとも呼ばれる。インフルエンサーの影響力を利用し、マーケティングなどのビジネス展開が行われることも多い。一方でその手法を誤ると批判、いわゆる炎上を生むこともある。

＼ 用語の使い方 ／

あの**インフルエンサー**と協業したい。

| Evangelist | word 085 |

エバンジェリスト

IT技術の伝道者

本来は、キリスト教の伝道者という意味。ITの世界では製品の特徴やトレンド、技術的話題などをわかりやすく広く伝え、特にファンになってもらうべく活動する人を指す。テクニカルエバンジェリストとも呼ばれる。近年、専門的な役職としてこの職を置く企業が増加している。1984年にアップルコンピューター社が創設したのが始まりと言われる。さらにクラウドエバンジェリストやセキュリティエバンジェリストなど専門分野に特化した存在もある。

\ 用語の使い方 /

あの人が我が社の**エバンジェリスト**だ。

| Blogger | word 086 |

ブロガー

ブログを執筆・公開している人

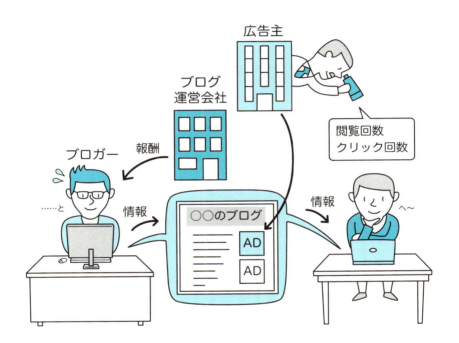

ウェブ上の日記や記録であるブログを執筆し、公開・運営している人の総称だが、近年はブログで収入を得ている人を指す。特に読者の多いブロガーをアルファブロガーと呼ぶ。収入は基本的にブログ内に掲載した広告から得ることが多い。広告を1回見られたり、クリックされたらいくらという仕組み。さらに知名度が上がってくると企業から広告掲載のオファーを受けたり、他のサイトでの記事作成依頼といった仕事がきたりすることもある。

\ 用語の使い方 /

私もブロガーになって稼ごうかな。

| YouTuber | word 087 |

ユーチューバー

YouTubeに動画を投稿する人

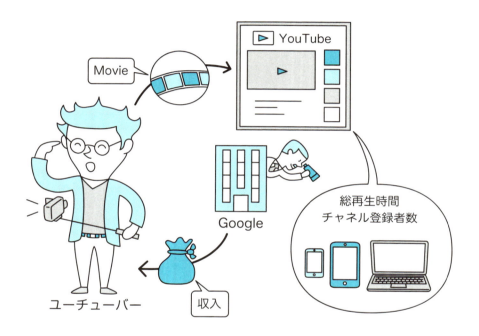

動画配信サイトYouTubeに自作動画を投稿する人のこと。最近は特に動画を継続的に投稿し、そこから収入を得ている人を指す。YouTubeでは「投稿した動画の総再生時間」「チャンネル登録者数」などの一定の条件を満たすと広告収入を受け取ることが可能で、それだけで生活する人もいる。小学生のなりたい職業ランキングで上位に入っているが、継続的に高い視聴数を得るのはかなりの重労働。3次元のCGキャラを用いたVチューバー（Vtuber）も人気だ。

＼ 用語の使い方 ／

ユーチューバーは意外と大変な職業ですよ。

| Affiliate | word 088 |

アフィリエイト

掲載した広告で売れたら報酬がもらえる

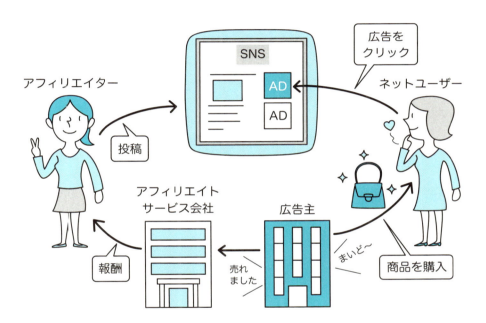

成果報酬型のインターネット広告のこと。自身のウェブページやブログに、特定の企業や商品などの広告を掲載し、閲覧者がその広告をクリックしたり、その後購入したりすることで支払いが発生すると、アフィリエイトサービス会社を通じて、商材を販売する企業から報酬をもらえるという仕組み。1カ月に100万円以上稼ぐ人もいる。選ぶ商材やサイトの品質などが成否を分けるとされる。ユーザーが詐欺的サイトへ誘導される場合もあり、利用には注意が必要。

\ 用語の使い方 /

アフィリエイトで稼ぐには創意工夫が必要だ。

| Virtual Reality | word 089 |

VR

仮想的な世界を、現実世界のように体感できる技術

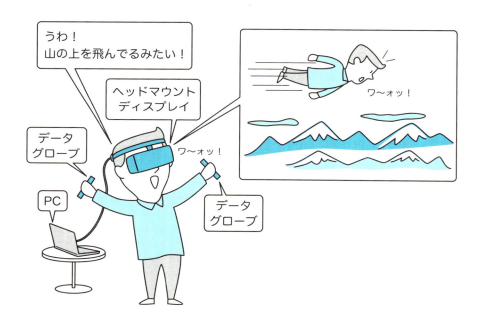

バーチャルリアリティーの略で、仮想現実と訳される。コンピューターで作られた仮想的な世界を現実世界のように体感できる技術。ヘッドマウントディスプレイ（HMD）と呼ばれるゴーグル状の器具を装着する場合が多い。HMDを利用すると、CGで作られた映像が顔の向きに合わせて、上下左右360度に変化し、高い没入感を得られる。従来はアミューズメント関連で使用されることが多かったが、医療や航空会社の整備など、様々な分野で利用が始まっている。

＼ 用語の使い方 ／

VRなら、危険な場面も体験できます。

| Multimodal Interface | | word 090 |

マルチモーダル インターフェイス

複数の形式を使うインターフェイスの様式

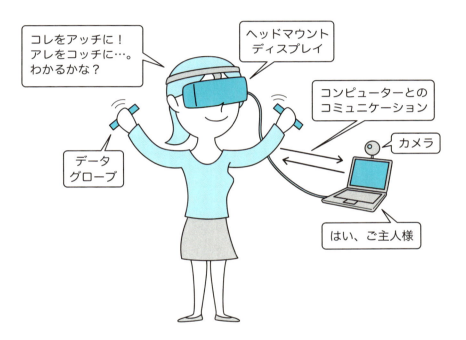

「マルチモーダル」とは「複数の（Multi）」「様式の（Modal）」という意味で、複数のメディアを使ったインターフェイスのこと。人間がコミュニケーションを行う際には、音声による言語だけではなく、身振り手振りによって円滑な対話を実現している。これを音声信号と映像信号の組み合わせなどに置き換えることを目的として開発されている。映像を出力するヘッドマウントディスプレイと手の動きを感知するデータグローブを利用したVRはその一例。

＼ 用語の使い方 ／

マルチモーダルインターフェイスで円滑な会話を実現しよう。

| User Experience | word 091 |

UX

製品やサービスを通じて得られる体験

UX（User Experience）は、ユーザー体験と訳され、製品、システム、サービスなどを使用する際にユーザーが得る経験の総称。使いやすさや使い勝手などの要素に加えて、使い心地・感動・印象なども重視され、製品やサービスの利用に関わるあらゆる要素を含んだ概念。UXが高い製品やサービスほど売上げがよいとされる。UI（ユーザーインターフェイス）と混同されやすいが、UIはユーザーと製品・サービスの接触面を指し、UXの一部という関係。

＼ 用語の使い方 ／

UXを高めて売上げをアップしたいわ。

| Marketing Buzz | word 092 |

バズマーケティング

ネットの話題を利用したマーケティング手法

第3章 デジタル時代に必修の「IT&AI系」ビジネス用語

バズ（Buzz）とは、「蜂がブンブン飛ぶ音」という意味で、元々は口コミを活用したマーケティング手法のこと。人為的に口コミを発生させて商品やサービスの特徴や感想を広めていく手法だったが、ITではインフルエンサーにFacebookやTwitterなどのSNSで紹介してもらい、そのフォロワーに情報を拡散させて認知度を上げたり、興味を持ってもらう。ネットでは話題が一挙に広がるので上手く使うと非常に効果的だが、裏目に出ることも。

＼ 用語の使い方 ／

あの商品のヒットは**バズマーケティング**のおかげ。

| 5th Generation | word 093 |

5G

携帯電話の第5世代通信規格

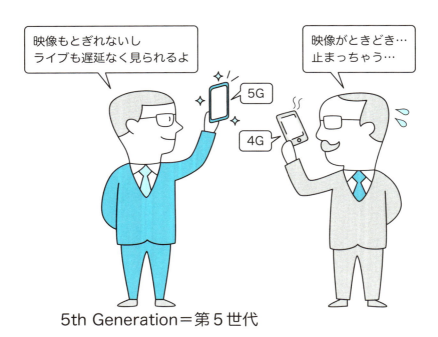

5th Generation＝第5世代

5G（5th Generation）は、第5世代移動通信システムと訳される。携帯電話における第5世代の通信規格のことで、日本では2020年に導入。通信速度が最大100Gbpsと、現行の第4世代規格（4G）に比べ100倍以上速くなり、同時接続数も多く、データ遅延もほとんどないとされる。5Gによって携帯電話での動画の視聴がスムーズになり、遠隔医療、車の自動運転など、様々な新サービスの登場が期待されている。5Gの利用には対応する端末が必要。

＼ 用語の使い方 ／

5G時代がもう間もなく始まる。

| Virtual Currency |　　　　　　　　　　　　　　　| word 094 |

仮想通貨（暗号資産）

データとしてのみ存在する通貨

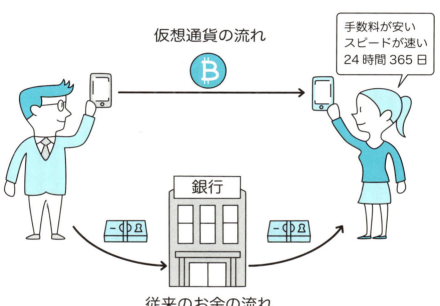

特定の国家や金融機関による裏付けがなく、ネット上にデジタルデータとしてだけ存在し、電子的な決済の手段として広く流通している通貨。法改正により今後「暗号資産」に改称される予定。いくつもの種類があるがビットコインが特に有名。一般的には取引所に口座を開設して、通常の通貨との交換を行う。交換レートの変動が激しく、投機の対象となっているものも多い。取引所から仮想通貨が流出する事件が起きており、安全性が危惧されている。

＼ 用語の使い方 ／

仮想通貨の利用は、リスクを考えた方がいいわね。

| Fintech | word 095 |

フィンテック

金融サービスと情報技術を結びつけた革新的な技術

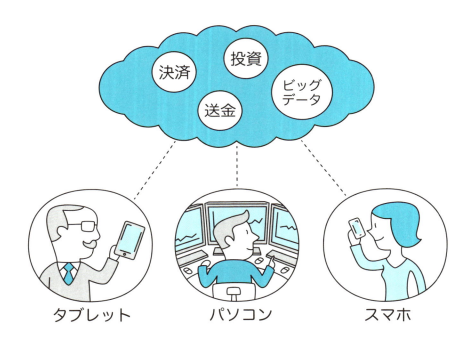

金融（Finance）と技術（Technology）を組み合わせた造語で、ファイナンス・テクノロジーの略。ICTを駆使した革新的、あるいは破壊的な金融商品・サービスの潮流という意味で使用される。決済、送金、投資ツール、ビッグデータ活用などの新サービスが次々と登場しており、スマートフォンなどを使った決済サービスもその1つ。言葉としては、2003年には使われていたが、発展したのは2008年のリーマンショック以降とされている。

\ 用語の使い方 /

うちの会社も、決済にフィンテックを導入しましょう。

| Curation | word 096 |

キュレーション

情報を特定のテーマに沿って集め、整理すること

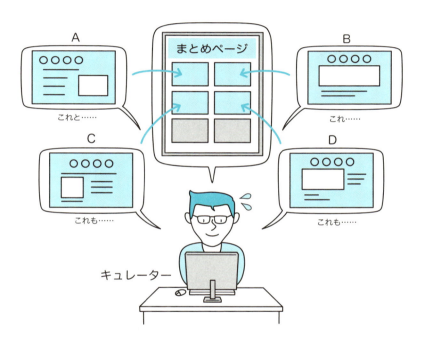

博物館や図書館などの管理者や司書を意味するキュレーター (Curator) が語源で、情報を収集、分類、つなぎ合わせて新たな意味を持たせた上で公開すること。ITでは、主にインターネット上の膨大な情報やコンテンツを独自の基準で編集して紹介するサービスを指す。自動的に情報を収集する検索サービスが主流だが、ユーザーが自ら情報収集し、編集・公開する「まとめページ」もキュレーションの1つで、広告収入を目的としたビジネスとして流行している。

\ 用語の使い方 /

キュレーションにばかり頼らず、自分で調べなさい。

| Impression | word 097 |

インプレッション

ネット広告の表示回数

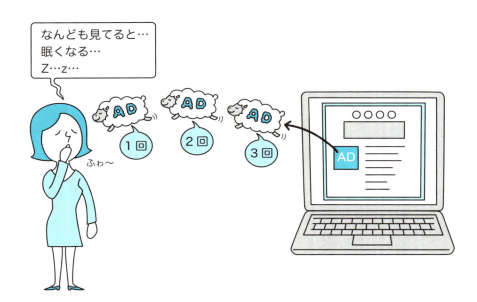

ネット広告で使われる用語で、ウェブサイトに掲載された広告がブラウザー上で表示された回数のこと。インプレッションによって、ユーザーの反応を知ることができる。1ページの表示（1ページビュー）でも複数のインプレッションを得られるように、1ページに複数の広告を掲載することが増えているのはこのため。決められたインプレッション数まで広告を表示することを保証し、広告料金を決めるインプレッション保証型広告も登場している。

\ 用語の使い方 /

インプレッションを増やすにはテクニックが必要だ。

| Digital Transformation | word 098 |

デジタルトランスフォーメーション（DX）

デジタルテクノロジーを利用して生産性や文化を変化させる

第3章 デジタル時代に必修の「IT&AI系」ビジネス用語

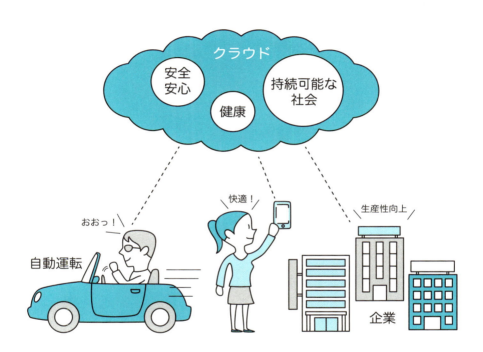

2004年にスウェーデンのエリック・ストルターマン教授が提唱した「ITの浸透が人々の生活をあらゆる面でより良い方向に変化させる」という概念。インフラ、制度、組織、生産方法など、従来の社会・経済システムにITが導入され、これらのシステム自体が変革すると同時に、新しいサービスが生み出され、産業構造も大きく変化する。ビジネス用語としては、企業においてデジタル技術により、製品やサービス、ビジネスモデルに変革が起こることを指す。

＼ 用語の使い方 ／

我が社もデジタルトランスフォーメーションに取り組みましょう。

| Launch | word 099 |

ローンチ

新しい商品やサービスを世に送り出すこと

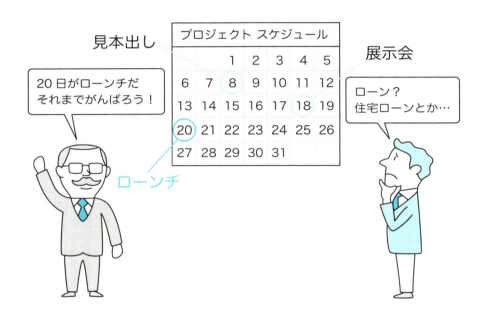

ローンチ（Launch）は、矢の発射や船の進水を意味する英語で、日本語では起ち上げや公開、開始という意味。IT業界ではウェブサイトや新サービスの公開、アプリケーションの発売などの意味で使われる。類義語としては「リリース」や「サービスイン」「カットオーバー」などがある。一方、金融業界では、手形や株券などの有価証券の発行を、事前に市場に発表することを意味する。また、航空業界では新機種の開発・製造を後押しする航空会社をローンチカスタマーと呼ぶ。

＼ 用語の使い方 ／

この商品のローンチは絶対遅らせられないわ。

| Consumer Generated Media | word 100 |

CGM

ユーザーの投稿により内容が生成されていくメディア

CGM（Consumer Generated Media）は、消費者生成メディアという意味。掲示板や口コミサイト、SNSなどが一般的だが、ユーザーが星をつけるグルメ評価サイトや大手レシピサイトなどもこれにあたる。サイトの管理者側がコンテンツを制作するのではなく、ユーザーの投稿によってコンテンツが作成されるのが特徴。ユーザーに自発的に投稿、情報発信を促すための工夫が必要で、一見楽に見えるものの、成功するためにはかなりの労力が必要となる。

\ 用語の使い方 /

CGMの情報を盲信するのは危険だ。

| Configuration | word 101 |

コンフィギュレーション

OSやソフトウェア、ネットワーク機器の設定

コンフィギュレーション（Configuration）は、設定という意味。コンピューターやネットワーク機器、オペレーションソフト、ソフトウェアの「環境設定」を指す。設定を指定したファイルを「コンフィグファイル」と呼ぶのもここから。環境設定とは、利用者の使い方や好みに応じて機能や表示の調整具合（有無、レベル、種類など）を記録するもの。環境設定を変更しても、元の環境設定を記したファイルを読み込めば、元の環境に戻すことができる。

＼ 用語の使い方 ／

このサイトは、くせの強いコンフィギュレーションになってるね。

| Schema | word 102

スキーマ

データベースやマークアップ言語の定義

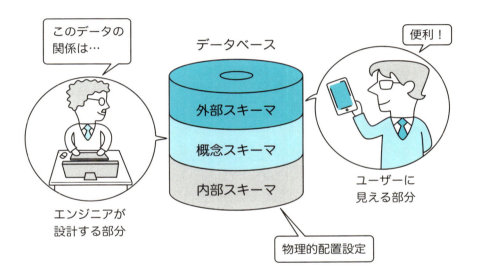

スキーマはもともと図や図式、計画の意味で、様々な分野で広く用いられる。ITでは、データベースの構造や、データを記述するXMLなどのマークアップ言語の構造を指す。データベースの構造を3つに分けて定義する場合、外部スキーマと概念スキーマ、内部スキーマ、もしくは概念スキーマと論理スキーマ、物理スキーマという3つの層に分ける「3層スキーマ」がよく用いられる。データベースによってスキーマの概念は違い、採用していないデータベースもある。

＼ 用語の使い方 ／

何度聞いてもスキーマ**が理解できません。**

| De Facto Standard | word 103 |

デファクトスタンダード

事実上の標準

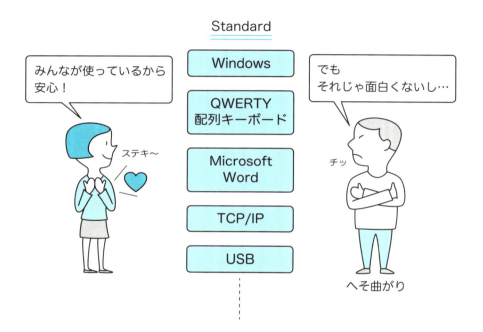

De Factoはラテン語で「事実上、実際には」という意味。ISO、JISなどの標準化機関が定めた規格ではないが、市場での競争の結果、広く採用された「事実上標準」の規格を指す。製品や規格がデファクトスタンダードになると、メーカーにとって、その製品が大きな競争力を持ち、市場を拡大して大きな収益を生むことができる。インターネットの通信規格TCP/IPやパソコンのOSのWindows、QWERTY配列のキーボードがその代表的存在。

\ 用語の使い方 /

うちの製品がデファクトスタンダードになればなぁ。

| Default | word 104 |

デフォルト（デフォ）

初期設定、工場出荷状態

本来は「何もしない」という意味。そこから金融業界では、元本の償還が不能となりかねない状況、債務不履行を指す。さらにIT業界では初期設定のまま、何も変更をしていない状態を意味する。口語として略されたのが「デフォ」。購入したばかりのパソコンやインストールしたばかりのソフトウェアは、ユーザーが設定を変更しなければデフォルト状態で使用されることになる。一方、ユーザーが設定を変更することをカスタマイズと呼ぶ。

\ 用語の使い方 /

え！ そのスマホ、デフォルトで使ってるの。

| Notice | word 105 |

ノーティス

問題のないメッセージ

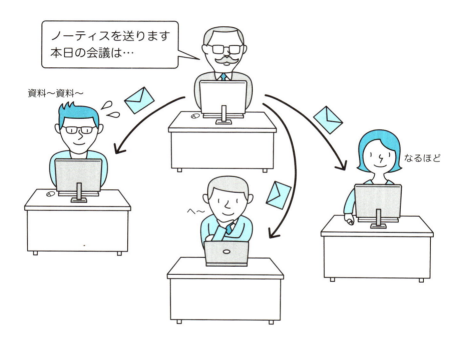

ノーティス（Notice）は、気付く、配慮する、通知するという意味の英語で、転じて掲示板、看板、予告といった意味でも使用される。IT業界ではプログラムから出力されるメッセージの種類を表す用語となっている。異常を示すエラーや準正常を知らせる警告（アラート、ワーニング）と違い、ノーティスは正常ではあるものの現在の状況を伝える意味で発せられる。「処理を開始しました」「処理件数は何件です」「処理を終了するのに何分かかりました」などが代表例。

\ 用語の使い方 /

終了のノーティスが来た。これで帰れる。

| Tips | word 106

ティップス

コンピューターやソフトウェアの操作のためのコツや小技

ティップス（Tips）は、助言、ヒント、秘訣、秘法、心付けなどの意味の英語。IT分野では、ソフトウェアやハードウェアをうまく使うためのコツや小技、テクニック、裏技などを指すようになった。マニュアルには書かれておらず、非公開や秘密の、あまり知られてないといった意味を含む場合もある。チップスと表記されることも。開発者が隠した秘密の機能は、イースターエッグ（復活祭の卵）と呼ばれることもある。

＼ 用語の使い方 ／

そのアプリには、こんな**ティップス**もあるのよ。

| Conversion | word 107 |

コンバージョン

ウェブサイトなどの最終的成果の達成

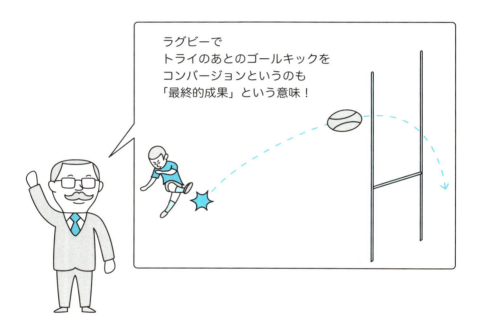

ラグビーで
トライのあとのゴールキックを
コンバージョンというのも
「最終的成果」という意味！

コンバージョン（Conversion）は、変換、転換、変化、交換などの意味で、動詞形はコンバート（Convert）。IT分野では、ウェブサイトなどで求められる「最終的成果の達成」という意味で使用される。通販サイトでは、消費者が商品を購入してくれたり、商品情報サイトでは資料請求や問い合わせをしてくれれば、コンバージョンを獲得したことになる。コンバージョン獲得のために、どうするかがビジネス成功の鍵になる。

\ 用語の使い方 /

今月はコンバージョン率が良かったわ。

| Green-collar | word 108 |

グリーンカラー

プログラマーやシステムエンジニアなどの労働者

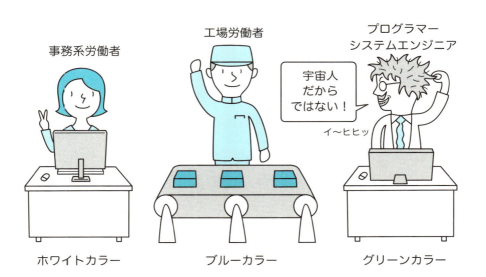

工場などの生産現場で働く労働者を指す「ブルーカラー」や、企画・管理業務などを中心とする事務系労働者を指す「ホワイトカラー」に対し、プログラマーやシステムエンジニアを「グリーンカラー」と呼ぶ。これは初期のコンピューターではディスプレイの文字が緑色だったことに由来する。一方で、環境の保護または保全にかかわる仕事、およびそれに従事する労働者を「グリーンカラー」と呼ぶこともあるので注意。

\ 用語の使い方 /

ぼくもようやく**グリーンカラー**の仲間入りだ。

第3章 デジタル時代に必修の「IT&AI系」ビジネス用語

もう死語!? 今さら聞けない
クスっと笑えるおじさん世代のビジネス用語

ネットサーフィン
ねっとさーふぃん

インターネットで検索して、様々なホームページに次々とアクセスして情報を得ること。広大なネットワークを海原と見なし、波から波へ渡っていく波乗り（サーフィン）に例えた表現。インターネットが普及し始めた1990年代から一般的な用語となった。ネットサーフィンを楽しむ人々をネットサーファーと呼ぶことも。「仕事中にネットサーフィンしていて、上司に大目玉を食らった」という人も多いだろう。元サーファーたちもすでに中高年。いまでは「ネットで検索」は普通のこと。スマホ世代に言ったら苦笑いされる「IT死語」だ。

ネチケット
ねちけっと

「ネットワーク」と「エチケット」を合わせた造語。インターネットを利用する際のマナーや規範のことを表す。電子掲示板（BBS）、チャット、SNSの利用が爆発的に普及した際、他者に不利益や不快感を与えないために、気をつけるべき行動指針をまとめたもの。例えば、掲示板で誹謗・中傷・差別的発言などをしない、個人情報を書き込まない、著作権を侵害しないなど。また、大容量のデータをメールに添付しない、機種依存文字を使用しないなど、インターネットならではのルールも含まれる。現在では「ネットマナー」の方が一般的である。

雛形
ひながた

物の形式や様式を示す見本のこと。IT業界では、目的に合わせて作られた定型のフォーマットの意味で「テンプレート（Template）」と呼ぶことが多い。アプリケーションソフトなどに付いているサンプルデータ集を指すこともある。フローチャートなどの図を作成するときに使用する、四角形や円がくりぬいてある定規から転じて呼ばれるようになった。文書などを作成する際、あらかじめ記入例が書き込まれているテンプレートを利用すると効率よく作業できる。また、同じ形式の書類を何度も作成できるので、非常に便利。

Column 03

端末　　　たんまつ

情報機器の種類の1つ。ホストコンピューターとネットワーク経由で接続し、データの入出力を操作する装置。主に「パーソナルコンピューター（パソコン）」のことを指していた。携帯電話やスマートフォンもモバイルと呼ばれる端末の一種。以前は、銀行のATMやコンビニのPOSレジのように単体ではコンピューターとして使えない装置を端末と呼んだ。端末に該当する機器が多すぎて、「そこの端末、持ってきて」と言われても何を指すのか戸惑いそうだ。現在は「装置」「機器」といった意味の「デバイス（Device）」がよく使われる。

フロッピー　　　ふろっぴー

コンピューター用の記録媒体の1つ。正式名称は、「フロッピーディスク（FD）」。読み書きする駆動装置を「フロッピーディスクドライブ（FDD）」と呼ぶ。ちなみに「フロッピー（Floppy）」とは「ペラペラの」という意味。1969年に8インチのFDが登場し、90年代末まで広く用いられた。現在ではまったくといっていいほど利用されていない。当然、FDDを装備したパソコンもほぼ絶滅しているので、引き出しの奥から古びたFDが出てきても、データの取り出しは困難だ。必要に迫られた場合は、USB端子に接続できるFDDを探そう。

第4章

コミュニケーション力が高まる
「営業系」
ビジネス用語

| Branding | word 109 |

ブランディング

ブランドの構築や管理を行うこと

特定の商品やサービスがターゲット（消費者・顧客）によって識別されているとき、その商品やサービスを「ブランド」と呼ぶ。ブランドの価値を高め、ターゲットに認知してもらうための活動を「ブランディング」と言う。「○○と言えば、この商品」という意識を浸透させる施策のことで、経営・販売上のマーケティング戦略の1つ。語源は「焼印をつける」という意味の「Brander」。家畜の所有を示すために、焼き印を押したことから由来する。

＼ 用語の使い方 ／

ブランディングでターゲットの心を刺激します。

| Promotion | word 110 |

プロモーション

販売などを促進するための活動

アメリカの経済学者マッカーシーが提唱したマーケティング「4P」の1つ。4Pとは、「製品（Product）」「価格（Price）」「流通（Place）」「販促（Promotion）」を指す。プロモーションは製品やサービスに対する関心を高め、消費者の購買意欲を促進する活動のこと。広告、広報、販売促進、口コミ、パブリシティなどがこれに当たる。FacebookやTwitter、LINEなどが急速に普及し、SNSを活用した双方向のコミュニケーションが重要視されている。

＼ 用語の使い方 ／

潜在的な購買層にアプローチするプロモーション。

第4章 コミュニケーション力が高まる「営業系」ビジネス用語

| AIDMA's Rule | word 111 |

AIDMA（アイドマ）の法則

消費者の行動をモデル化したもの

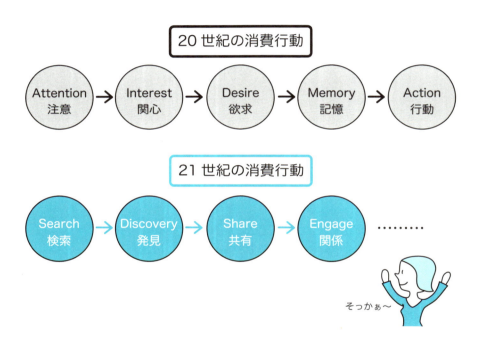

1920年代にアメリカで提唱された「消費行動」の仮説。「Attention（注意）」「Interest（関心）」「Desire（欲求）」「Memory（記憶）」「Action（行動）」の頭文字を取ったもので、消費者が商品を知ってから実際に購入するまでの心理的プロセスをモデル化している。マスメディア全盛期は定番だったが、インターネットが普及し、ソーシャルメディアの隆盛によって、「検索」や「共有」の要素が加わった、新たな消費行動モデルが注目されている。

\ 用語の使い方 /

AIDMAは5つのステップで顧客の心理を分析します。

| AISAS | word 112 |

AISAS（アイサス）

消費行動プロセス

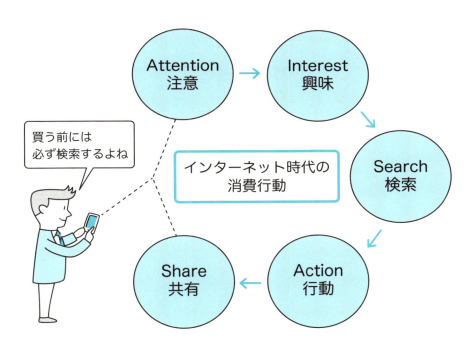

消費者が実際に商品を認知してから購入するまでの行動をモデル化した考え方。「Attention（注意）」→「Interest（興味・関心）」→「Search（検索）」→「Action（行動・購買）」→「Share（情報の共有）」の5つの頭文字から名付けられた。インターネット時代に対応した検索と共有の行動が考慮されている。しかし、すべての消費行動がAISASで説明できるわけではなく、SNSによって「受動的に情報を得る」という新たな想定も必要と言われている。

＼ 用語の使い方 ／

AISASはインターネット上で「自ら能動的に検索する」ことが前提。

| AMTUL | word 113 |

AMTUL（アムツール）

固定客獲得までを考えた購入メカニズム

Awareness（認知）、Memory（記憶）、Trial（試用）、Usage（日常利用）、Loyalty（固定利用）の頭文字を取ったもの。「アムツール」とも言う。消費者の購買決定プロセスを説明するモデルの1つ。顧客が商品を見つけて購入し、その後も購入し続けてくれる長期的な購買決定メカニズムを指す。AMTULによって、長期的な観点で自社ブランド・製品を成長させることができる。対して、短期的な購買行動を説明するモデルに「AIDMA（アイドマ）」がある。

＼ 用語の使い方 ／

AMTULでは各段階を数値で捉えることができます。

B to B／B to C

営業手法を表す言葉

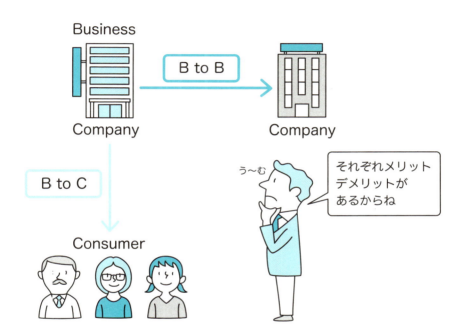

BはBussiness（法人）、CはConsumer（消費者）の意味。素材部品の製造販売など企業と取引する業界を「B to B」、消費者向けの商品やサービスを扱う業界を「B to C」と言う。営業手法を表す言葉。B to Bは市場規模が大きく、安定して収益を得られるメリットがある反面、対象顧客数が有限で新規開拓が難しいというデメリットがある。一方、B to Cは対象顧客数が多く、代金回収のリスクは少ないが、顧客ニーズを把握しにくい。

＼ 用語の使い方 ／

就職先を選ぶ際、B to BかB to Cかで悩みました。

| Flagship | word 115 |

フラッグシップ

象徴的存在のこと

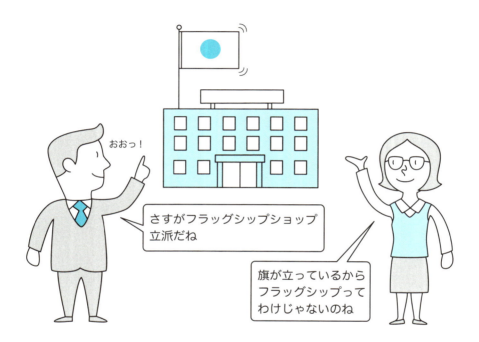

元々は海軍の軍事用語で司令官が乗船して艦隊の指揮をとる「旗艦」のこと。英語では「グループの中で最も優れたもの、最も重要なもの」という意味で用いられる。それが転じて、企業が最も力を入れている商品やサービスのことを指すようになった。メーカーの製品シリーズを牽引する高品位のモデルを「フラッグシップモデル」、高級ブランドの中心的存在の店舗を「フラッグシップショップ（旗艦店）」と表現する。

＼ 用語の使い方 ／

ハイエンドは複数存在するが、フラッグシップは頂点である。

| Concept Shop | word 116 |

コンセプトショップ

方向性を定めるための企画の骨組み

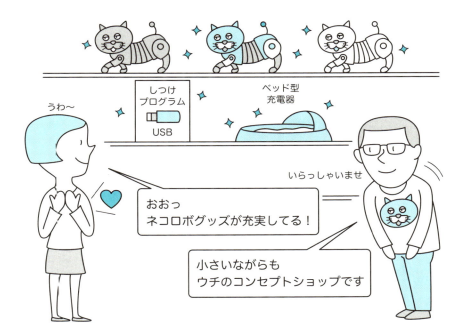

コンセプト（Concept）は哲学用語で「概念」を表す言葉。ビジネスにおけるコンセプトとは、全体を通した基本的な考え方を意味する。企画の骨組みのことで、方向性を定めるうえでの指針となる。独自の主張やブランド哲学などをまとめたコンセプトを設け、商品展開やディスプレイに取り組んだメッセージ性の高い店舗のことを「コンセプトショップ」と言う。新しい発想・企画を打ち出した実験的店舗を指すこともある。

＼ 用語の使い方 ／

新しい切り口の**コンセプトショップ**を展開します。

第4章 コミュニケーション力が高まる「営業系」ビジネス用語

| Inbound | word 117 |

インバウンド

外部から内部へのアプローチ

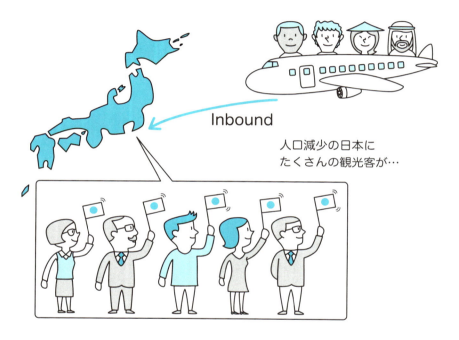

英語の「Inbound」が語源で「外から中へ入る」という意味。旅行・観光分野で使われるのが一般的で、外国人旅行客が日本を訪れ観光すること。ビジネスシーンでは、企業に対し顧客が自発的に接触してくることを指す。例えば、顧客の企業への来訪、顧客からの電話やメールなど。また、企業が商品やサービスの情報をHPやSNSで発信して、興味を持った顧客が自発的にアプローチしたくなる状態を作ることを「インバウンドマーケティング」と言う。

＼ 用語の使い方 ／

インバウンドマーケティングにはコンテンツの充実が必須です。

| Hospitality | word 118 |

ホスピタリティ

接客や接遇の場面での心からのおもてなし

語源はラテン語の「Hospice」。「思いやり」「丁寧なおもてなし」「歓待」といった意味がある。ホテルや飲食店などのサービス業や医療・福祉現場においてよく使われる言葉で、報酬や見返りを考えず、心を込めて相手に尽くすことを指す。ホスピタリティは一方通行のものではなく、提供する側とされる側がともに喜びを共有する「相互満足」があって成立する。また、顧客に提供するサービスの質を高める考え方を「ホスピタリティマインド」と言う。

＼ 用語の使い方 ／

あのレストランはスタッフのホスピタリティが素晴らしい。

| Integrated Resort | word 119 |

IR（統合型リゾート）

複合観光集客施設のこと

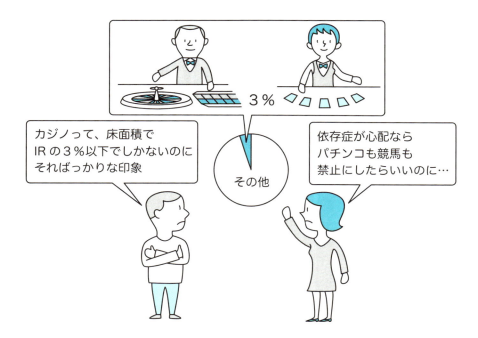

IRは「Integrated Resort」の略称で、カジノや会議場、劇場や映画館に加え、ホテルなどが一体となった複合施設のこと。カジノを含む統合型リゾートは、大規模な設備投資を実現できるビジネスモデル。多くの雇用創出と観光消費増加による税収増などの効果も期待される。日本においても、2016年に新たな観光ビジョンとしてIR推進法が公布・施行された。18年にはIR実施法が成立し、20年代には日本初のIR施設が開業する見通しである。

＼ 用語の使い方 ／

シンガポールやマカオなど、アジアでもIRの誘致が相次いでいる。

| Icebeak | word 120 |

アイスブレイク

氷を溶かすように緊張を解きほぐす

会議や研修、ワークショップなど初対面の人が集まる場で、緊張を解きほぐし雰囲気を和ませるテクニック。冷たい氷（アイス）のような緊張感を打ち砕く（ブレイク）という意味がある。5〜10分程度、簡単なゲームや自己紹介をするのが一般的。アイスブレイクは商談や営業といった場面でも、話しやすい雰囲気になり、顧客の心を開くのに効果的である。コミュニケーションが円滑になることから、ビジネスにおける潤滑油と言える。

\ 用語の使い方 /

仕事のできるビジネスマンはアイスブレイクを上手に活用している。

| Rapport | word 121 |

ラポール

深いレベルの信頼関係

語源はフランス語の「Rapport」で「橋を架ける」という意味。「親密な関係性」や「信頼関係」を意味する。相手との信頼関係を築くことを「ラポール」と言う。もともとは臨床心理学の用語で、対面して話をする場面で重要とされている。ビジネスシーンでは、顧客との間にラポールが成立すると、相手の警戒心や緊張が緩和され、コミュニケーションが円滑になると言われる。ビジネスだけでなく、家族や恋愛など、すべての人間関係に有効だ。

＼ 用語の使い方 ／

ラポールを築くと、本音で話せるようになります。

| Hangar Talk | word 122 |

ハンガートーク

何気ない雑談で、情報共有や意見交換をすること

ハンガー（Hangar）とは飛行機の格納庫のこと。格納庫の片隅でパイロット同士が雑談（Talk）していたことから生まれた言葉。何気ない「おしゃべり」ではあるが、その日のフライト状況やこれまでの飛行経験を話すことで、情報共有や意見交換の役割を持っている。安全第一の航空会社では情報の共有は事故を防ぐ意味でも重要なこと。雑談の中で交換された経験に基づく知識が、日常業務のエラーやミスの防止につながるのだという。

＼ 用語の使い方 ／

情報収集には日頃のハンガートークが欠かせない。

| Adhocracy | word 123 |

アドホクラシー

臨機応変に対処する

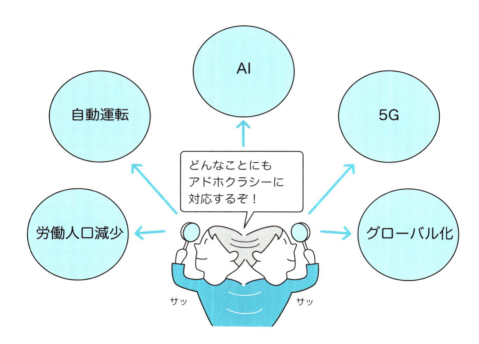

「Ad Hoc（臨時の、その場限りの）」と「Cracy（制度、体制）」を合わせた造語。そのときどきの状況に応じて柔軟に対処する姿勢や体制を指す。1970年代、米国の未来学者アルビン・トフラーが、ビューロクラシー（官僚主義）へのアンチテーゼとして広めた。物ごとを一面から捉えるのではなく、多面的かつ柔軟な視点をもって解決する姿勢の重要性を説いている。ビジネスの現場では、急速な市場の変化やクライアントの要求に迅速に対応する戦略を意味する。

＼ 用語の使い方 ／

クライアントの要求にはアドホクラシーで対応します。

| Excuse | word 124 |

エクスキューズ

言い訳や弁明

「言い訳」「弁明」という意味で用いられる。言い訳をする人に対して使うのが基本で、「あなたはエクスキューズが多すぎる」といった使い方をする。「免除」「許す」という意味もあり、「今回は特別にエクスキューズする」などと、相手を許すときに用いる。また、あいまいなことを相手に伝える際、「○○にはエクスキューズがつきます」と表現することで、後のトラブルを回避する効果もある。多用すると信用を失うので要注意なワードだ。

\ 用語の使い方 /

先方の説明は、エクスキューズにすぎなかった。

第4章 コミュニケーション力が高まる「営業系」ビジネス用語

| Closed Question |　　　　　　　　　　　　　　　| word 125 |

クローズドクエスチョン

選択肢を用意して、その中から選ばせる質問

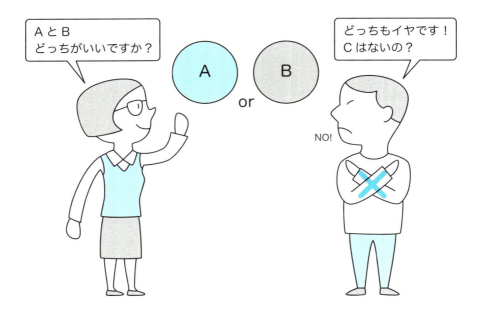

「はい（YES）」「いいえ（NO）」で答えられるような、回答範囲が限られている質問の仕方。二者択一なので答えやすく、相手と距離を縮めたいときに有効。また、質問者が話題を決定できるため、会話をコントロールしやすい。ただし、上手に話を展開させないと、会話が広がらずにすぐ終わってしまうデメリットもある。対して、自由に回答させる「オープンクエスチョン」は初対面の相手には不向きだが、会話が広がりやすいメリットがある。

\ 用語の使い方 /

クローズドクエスチョンで会話のきっかけをつかみましょう。

| Incentive | word 126 |

インセンティブ

意欲をかき立てるための報酬

刺激や誘因、動機の意味を持つ「Incentive」が語源。やる気を引き出すためや目標達成のために、外部から与える刺激のこと。一般的には、業務上の目標を達成したり、成果を出したりしたときに、固定給とは別に支払われる臨時報酬を指す。がんばるほど収入に反映するため、業務への意識が向上するメリットがある。また、アンケート回答者へのプレゼントや、繁華街で配る商品サンプルなど、購買意欲を刺激する行為もインセンティブと呼ぶ。

\ 用語の使い方 /

買い物をしたときに付くポイントも**インセンティブ**だ。

| Commission | word 127 |

コミッション

業務に対する手数料や報酬

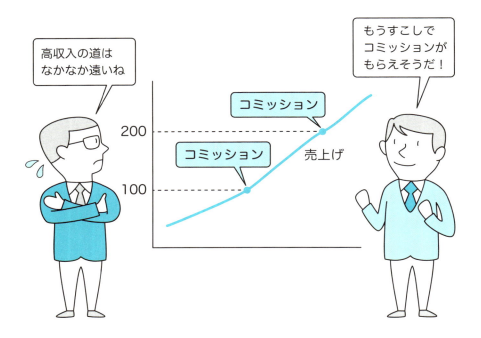

「手数料」や「歩合制の報酬」を意味する。インセンティブと同義語として使われることが多い。近年、営業職などでフルコミッション（完全歩合制）という雇用形態が注目されている。仕事の成果に見合った報酬が得られるのが特徴。大きな成果を上げれば報酬が上がるが、結果が出ない場合は報酬が下がるリスクがある。収入は不安定だが、スキルがあれば高収入となる可能性がある。日本でフルコミッションが適用されるのは、業務委託契約を結んだ場合に限る。

＼ 用語の使い方 ／

コミッションで収入が大幅にアップした。

| Negctiation | word 128 |

ネゴシエーション

議論によって合意や調整を図ること

「交渉」「妥定」「折衝」を意味する「Negotiation」が語源。大手企業間の合併や買収、海外での個人交渉などで使われる。意見が対立した際に議論によって調整を行い、お互いに納得できる結論を導き出すためのコミュニケーションスキル。日本語では、交渉術あるいは交渉力と言う。「ネゴ」や「ネゴる」と省略形で使うこともある。「駆け引き」のイメージが強いが、勝ち負けを競うのではなく、両者が利益を得られる良好な人間関係の構築が最優先される。

\ 用語の使い方 /

「ネゴる」力がなければキャリアは築けません。

| Foot in the Door | word 129 |

フットインザドア

要求を段階的に承諾させる交渉術

段階的に要求のレベルを上げることで、大きな要求を承諾させる交渉術。「段階的要請法」とも言う。訪問販売などでセールスマンが「ドアの隙間に足のつま先を入れる（Foot in the Door）」ことで商機をつかむことが由来。まずは、小さな頼みごとから始め、少しずつ大きな頼みごとを承諾させていく。一度でも要求を受け入れると、その後の要求にも応えやすくなる「一貫性の原理」を巧みに利用した手法だ。ビジネスだけでなく、日常にも使えるテクニック。

＼ 用語の使い方 ／

フットインザドアで「**断れない**」と思わせたら成功です。

| Retail | word 130 |

リテール

一般消費者向けの小売

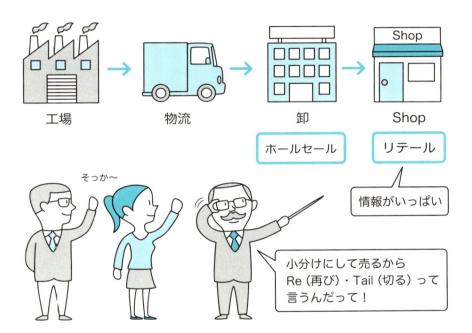

英語の「Retail＝切り売り」が語源。個人や中小企業を対象にした小口の取引、「小売り」のこと。小売りを行う業者を「小売業者」と呼ぶ。スーパーやコンビニは、小売業者の代表例。金融、アパレル、不動産など、様々な業界で使われている用語。例えば、アパレル業界では、販路開拓やマネジメントのことを「リテール」と言い、不動産会社の「リテール」は個人顧客の不動産売買におけるコンサルティングを指す。対義語は卸売を意味する「ホールセール」。

\ 用語の使い方 /

リテールの業務内容は多岐にわたる。

| Cost Performance | word 131 |

コストパフォーマンス（コスパ）

費用対効果

作業に必要な費用（コスト）と、そこから得られる効果（パフォーマンス）の対比のこと。サービス業や製造業など、ビジネスの世界で頻繁に活用される。費用をかけずにより効果的な結果が出ることを「コストパフォーマンスが高い」と言う。消費者にとって、どれだけお得かを表すときに使われることが多い。例えば、価格が安くて性能や燃費がよい車を購入したときに使う。コストパフォーマンスが高いほど消費者（顧客）の満足度は高くなる。

\ 用語の使い方 /

ユーザーにとってのコストパフォーマンスを上げよう。

| Customer Satisfaction | word 132 |

CS（顧客満足度）

顧客が感じる満足度の指標

「Customer Satisfaction（カスタマー・サティスファクション）」の略語。ものを購入したり、サービスを受けたりしたとき、顧客が感じる満足度の指標。顧客の期待値よりも、企業のパフォーマンスが上回っている場合、満足度が高くなる傾向にある。つまり、顧客が求めている事前期待を知ることが顧客満足を高めることにつながる。インターネットの発展で口コミによる評判や評価が拡散しやすく、CSの重要性がより問われるようになった。

＼ 用語の使い方 ／

CSを売上げにつなげていくプロセス構築が重要です。

| Active Listening | word 133 |

アクティブリスニング

「話を聞く」技術

臨床心理学の専門用語で、日本では「積極的傾聴」と言う。1957年にアメリカの臨床心理学者カール・ロジャースが提唱したコミュニケーション技法の1つ。相手の話を聞き流さず、積極的に「傾聴」する姿勢や、その聴き方の技術を指す。相互理解を深め、話し手が自分自身で問題解決できるように手助けをする。ビジネスの場で管理職に向けた人事研修などにおいて活用されている。人間関係を円滑にするスキルでもあり、ハラスメントの防止にもつながる。

＼ 用語の使い方 ／

アクティブリスニングでは、まず話し手に集中することが大事。

| Opportunity | word 134 |

オポチュニティ

営業での提案の機会

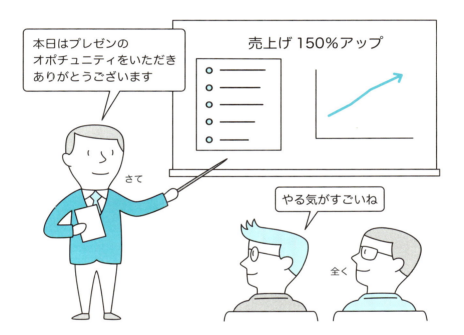

英語「Opportunity」は「好機」「機会」という意味。ビジネスシーンでは、「営業活動における提案の機会」を指すことが多い。偶然に訪れた好機を「チャンス」と言うが、オポチュニティは「自ら動いて積極的につかみ取った」というニュアンスがある。また、営業機会をまとめた報告資料を「オポチュニティレポート」と言う。ちなみに、米航空宇宙局（NASA）が2003年に打ち上げた火星探査車の名前も「オポチュニティ」だ。

\ 用語の使い方 /

常にオポチュニティを意識して顧客に対応しよう。

| Channel | word 135 |

チャネル

様々な販売経路のこと

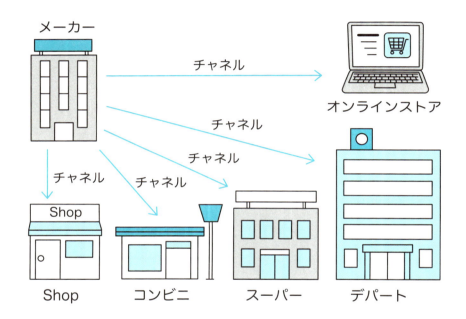

語源は「Channel」で、水の通り道、水路のこと。ビジネスシーンでは、製品を消費者まで届ける流通経路のことを意味し、コミュニケーションチャネル（情報伝達経路）、流通チャネル（流通手段）、販売チャネル（販売方法）の3つに分けられる。また、実店舗やオンラインストアなど流通経路・販売経路を統合することを「オムニチャネル」と言う。マーケティングでは各チャネルから必要なものを選択し、最適な組み合わせのチャネル施策を考える必要がある。

＼ 用語の使い方 ／

あらゆるチャネルを検証する。

| Relation | word 136 |

リレーション

企業と顧客のつながりや関係性

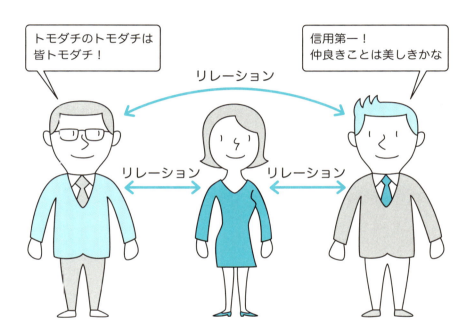

リレーション（Relation）は「関係」を意味し、「公的な関係」や「取引先との関係」を表す。2017年頃から、米国を中心に提唱され始めた「リレーションシップ営業」は、顧客と良好な関係性を築いてビジネスを進めていく営業スタイル。顧客の話に耳を傾け、コミュニケーションを取ることが重要とされる。また、顧客の嗜好や要求などを詳細に把握し、長期にわたって取引を継続してもらうためのマーケティング手法を「リレーションシップマーケティング」と言う。

＼ 用語の使い方 ／

企業は顧客とのリレーションを重要視するべきです。

| One-stop Service | word 137 |

ワンストップサービス

一度で目的が達成できること

分散していた手続きを1カ所で提供するサービス形態のこと。例えば、自動車を保有する際、車検や車庫証明、自動車税の納付など様々な手続きが必要だが、2005年に始まった「自動車保有関係手続のワンストップサービス」では、関連の手続きがオンラインで一括して申請できる。また、1つの店舗で必要な物がすべて買える店舗を「ワンストップショップ」と言う。消費者に利便性を提供すると同時に、企業側は顧客の囲い込みができるメリットがある。

\ 用語の使い方 /

写真館が着付けやメイクなど、ワンストップサービスを始めた。

| Electronic Commerce |　　　　　　　　　　　　　　　　　　| word 138 |

Eコマース（EC）

ネット上で行われる商取引

「Electronic Commerce」の略で「電子商取引」のこと。「EC」とも言う。インターネット上で、個人や企業が商品購入から決済までの商取引を行うこと。実店舗のようにテナントを持つ必要がなく、販売員も必要ないため維持費や人件費の削減にもなる。一方、商品を並べただけでは見つけてもらえず、知名度のない事業者にとって集客は簡単ではない。また、ユーザーはいつでもどこでも買い物ができるが、商品を手にとって確認できないというデメリットもある。

＼ 用語の使い方 ／

スマホ利用者の増加で、Eコマース市場も拡大した。

| Long Tail | word 139 |

ロングテール

ニッチな商品の販売を積み重ねる商法

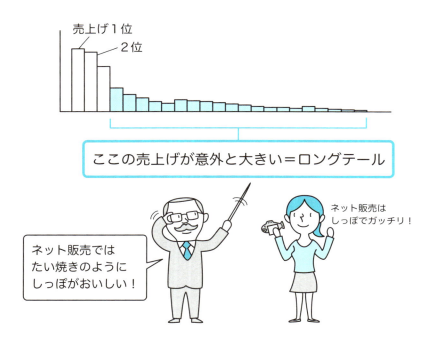

主力商品の総売上より、販売数が少ない商品群の売上げの合計が上回る現象。米『ワイアード』誌の編集長クリス・アンダーソンがネットショップ特有のビジネスモデルとして提唱した。少数の人気商品に依存せず、売れない商品の販売を積み重ねることで、全体の売上げをアップする。商品販売を図式化したとき、人気商品を頭に見立て、売上げの少ない商品群が尻尾（テール）のように長くなだらかに並ぶことから、ロングテールと名付けられた。

＼ 用語の使い方 ／

ロングテール戦略は売上げを安定化させます。

| Counterpart | word 140 |

カウンターパート

対等な立場で共同作業をする相手

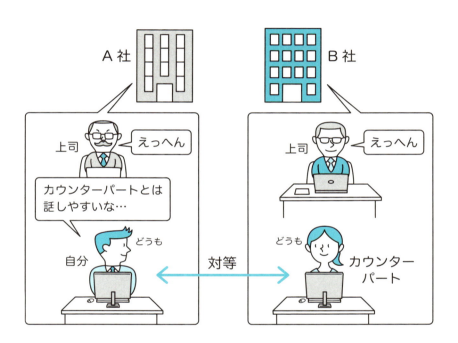

カウンター（Counter）は片方、パート（Part）は部分の意味。ビジネスシーンにおいて、取引や交渉、共同作業をするパートナーのこと。例えば、投資家に対する機関投資家など、対等な立場で1つのプロジェクトに携わる相手を指す。"対等である'という意味が強いので、自分より格上の相手に使うと失礼になる。海外の企業との取引でもよく用いられる。国際的な共同作業などを行う際、現地の担当者や機関を「カウンターパート」と呼ぶこともある。

＼ 用語の使い方 ／

Aさんはカウンターパートとして最適な人材です。

もう死語!? 今さら聞けない
クスっと笑えるおじさん世代のビジネス用語

あいみつ .... あいみつ

「相見積もり」を略したビジネス用語。仕事の発注などで、複数の取引先や業者に同じ条件で見積書を出してもらうこと。「来週の月曜日までに、あいみつ取っておいて」といった使い方をする。あいみつを取れば、料金やサービス内容を比較できる。建設業など安全性が求められる企業では、料金だけでなく、材質や設備、サポート体制も考慮する必要がある。また、あいみつは略称なので、書類にはきちんと「相見積もり」と書くことをおすすめする。最近では、引越し業者などの「一括見積もりサイト」があり、個人でもあいみつを取る機会が増えた。

飲む .... のむ

酒や液体は「飲む」、個体は「のむ」、「鵜呑み」など比喩的な表現は「呑む」と表記する。ビジネスシーンの「のむ」は「条件を受け入れる・承諾する」の意味があり、本来は「呑む」と書くが、常用漢字外なので「飲む」もしくは「のむ」と表記する。ビジネスでは、何かと「のむ」シーンが多いものだ。一杯飲む方ならいいのだが、悪条件を渋々飲む羽目になったり、ライバル会社とのコンペで固唾を飲んだり……。上司・部下の失態に息を飲むこともあれば、すべてを受け入れる「清濁併せ飲む」心の広さも必要だ。

地雷 .... じらい

地雷を踏むと爆発して大けがをする。このことから、相手の「触れられたくないこと」を地雷に例え、「部長の地雷を踏んで、キレられた」などと表現する。わざと地雷を踏む人は少ない。うっかり一歩を踏み出したら、そこに予想外の地雷があって、相手を怒らせてしまう場合がほとんどだろう。人間関係を円滑にするためには、どこに地雷(怒らせるポイント)があるのか知っておくことが重要だ。相手との距離感をはかれない人は、地雷を踏みがち。パーソナルスペースを把握し、発言内容に気を配ることが、「地雷」から身を守る第一歩だ。

Column 04

色を付ける　　いろをつける

ビジネスにおける商習慣の1つ。売買や譲渡の交渉を有利にするため、多少の金額を上乗せすること。交渉相手が得した気分になるように、ささやかでも「色を付ける」ことで、交渉がスムーズにいくこともある。「色を付ける」には様々あって、旅館で仲居さんにチップを渡す「心付け」もその一種だ。また、買い物で値引き交渉の際、「もう少し色を付けてもらえない？」といった使い方をすることも。「色を付ける」のは金額だけでなく、物品をおまけすることや常連客へのサービスも含まれる。

青天井　　あおてんじょう

もともとは抜けるような「青空」を指す言葉。青空は果てしなく高いことから、価格や相場が限りなく上がり続ける状態を表す。「天井知らず」と言うことも。「株価は青天井で上がり続けた」「彼の成長は青天井だ」などと使われる。また、ゴルフでハンディキャップの上限をなくしてプレーすることを「青天井」と呼ぶ。麻雀にも点数の上限をなくした「青天井ルール」がある。何事にもリスクはつきもの。上昇すれば、いつかは下降する。「青天井が長く続いて、やがてバブルがはじけた……」という苦い経験を忘れないように。

第 5 章

現場の仕事がよくわかる
「製造系」
ビジネス用語

| Industry 4.0 | word 141 |

インダストリー4.0

人類史上4回目の産業革命を指し、第4次産業革命という

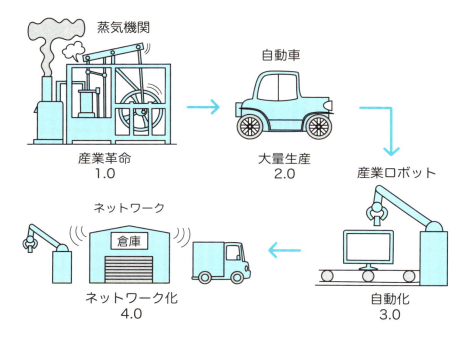

ドイツが進めるハイテク戦略プロジェクトに由来。ITやAIを活用することで、少量多品種、高付加価値の製品の大規模生産を実現するダイナミックセル生産を推進し、大量生産と製品カスタマイズを両立させる。設計原則として機械やセンサーおよび人間が相互に接続し、通信する相互運用性、製造工程の段階から膨大な量のデータや情報を収集し、革新や改善につなげられる情報透明性、人間をサポートする技術的補助、自律的に業務を実行する分散型決定の4つがある。

\ 用語の使い方 /

インダストリー 4.0 の実現に邁進しましょう。

| Smart Factory | word 142 |

スマートファクトリー（スマート工場）

インダストリー4.0を具現化した先進的な工場

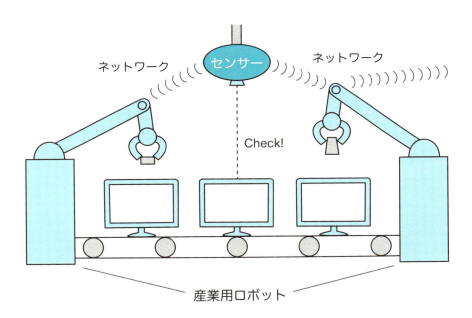

工作機械や生産ラインなど、工場内のすべての機器をネットワークで接続し、生産性や品質管理の向上を図る。ネットに接続することで品質・状態などの様々な情報を見える化し、情報間の因果関係の明確化を実現するとともに、設備同士、設備と人が協調して動作する。構築にはビッグデータの解析技術やAI、後述のIoTの導入が必須とされる。日本では2010年に書籍『スマート・ファクトリー ── 戦略的「工場マネジメント」の処方箋』ではじめて使用された。

\ 用語の使い方 /

うちの工場もスマートファクトリー化が進むだろう。

| Internet of Things | word 143 |

IoT

様々なモノをインターネットでつなぐ

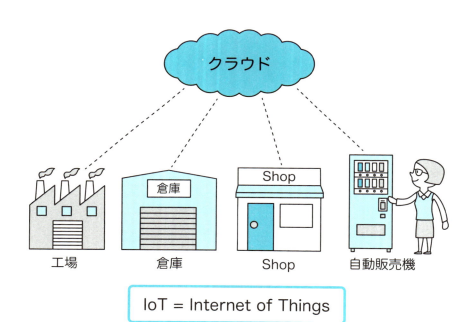

IoT = Internet of Things

IoT（Internet of Things）は、「モノのインターネット」と訳される。従来のインターネットではコンピューター同士を接続していたが、様々なモノ（機器）にセンサーや通信機能を搭載し、インターネットに接続して新たな機能やサービスを創出しようとするもの。インダストリー4.0の中核となる技術で、工場内の機械をはじめとする製造部門はもちろん、関連する他の工場、部品や材料を輸送するトラックや倉庫、販売店などの物流、流通のすべてをつなげ、効率化する。

＼ 用語の使い方 ／

あれもこれもIoTになっている。

| 3D Printer |　　　　　　　　　　　　　　　　　　　　| word 144 |

3Dプリンター

積層方式で立体モデルを製造する機械

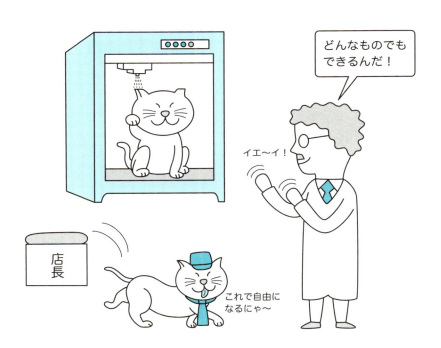

従来のプリンターが紙などの平面（2D）にインクを出し、文字などを印刷するのに対し、3DプリンターはCADなどのデータを元に、樹脂や金属で薄い2次元の層を積み重ねていくことで立体モデルを製造する機械。今までにない形状の試作品製造に有効で、開発期間とコストの削減に効果がある。金型の代行や機構の確認、医療モデル、建築模型などに幅広く活用されている。造形方法には様々な方式があるが、個人で購入できる低価格なものも登場している。

＼ 用語の使い方 ／

3Dプリンターで銃を作ると銃刀法違反になるわよ。

第5章　現場の仕事がよくわかる「製造系」ビジネス用語

171

| Computer Aided Design ／ Computer Aided Manufacturing | word 145 |

CAD／CAM

グラフィックイメージを作成・修正したりするシステム

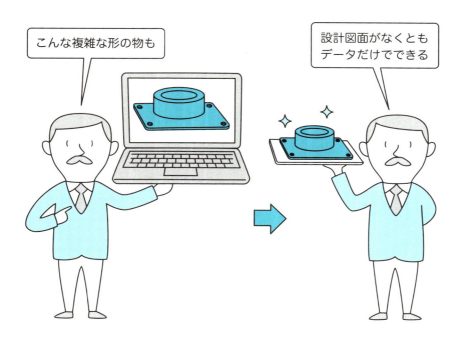

CADは「コンピューター援用設計」、CAMは「コンピューター援用製造」と訳され、CADによって設計・製図されたデータをCAMに渡し、CAMは製造・成形・加工するプログラムを作成して工作機械に渡す。コンピューター内部で設計モデルを作成し、それに基づきコンピューター制御の工作機械やロボットを制御して生産工程を自動化することも可能になるとされるが、これまで職人が行ってきた経験や勘の部分をいかに取り込むかが課題とも言われている。

＼ 用語の使い方 ／

これまでにないものの設計と製造を可能にしたCAD/CAM。

| Machining Center | word 146 |

マシニングセンター

穴開けや平面削りなどを1台でこなせる制御工作機械

工具を取り替えながら何時間でもずっと働いてくれる

ふふっ

工具の自動交換機能をもち、目的に合わせてフライス削り、中ぐり、穴あけ、ねじ立てなどの異種の加工を1台で行うことができるコンピューター制御工作機械のこと。従来は平面切削はフライス盤、穴あけはボール盤、旋削は旋盤、穴加工は中ぐり盤と、工程ごとに工作機械を使いわけていたが、マシニングセンターでは、加工する段取りをインプットするだけで複合加工が可能となる。主軸が水平の横型、垂直の立型、門型構造の門型などがある。

\ 用語の使い方 /

マニシングセンターを使って人手不足を解消しよう。

| Factory Automation | word 147 |

FA（ファクトリーオートメーション）

生産工程の自動化を図るシステム

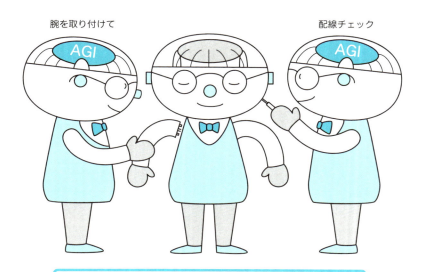

ロボットがロボットを作る"究極のFA"

工場において生産工程の自動化を図るシステムのこと。生産工程の一部だけではなく、工場における受注、設計、検査、出荷の全体にわたって総合的に自動化することを指す。産業用制御システムを使い、CAD/CAMなど他の情報技術と連携することで、産業用ロボットとプロセスを制御し、人間が介在する必要性を限りなく低減させる。従来は生産性の向上やコスト低減が導入の目的だったが、近年は品質向上や製造工程の柔軟性向上へと移ってきている。

＼ 用語の使い方 ／

FAの導入によって、仕事の負担が減った。

| Cell Production Method | word 148 |

セル生産方式

一人または少数で製品を組み立てる

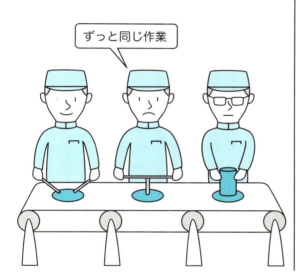

ライン生産方式 / ずっと同じ作業

セル生産方式 / 1か所でいくつもの作業をやる

製造作業を複数の単純作業に分解し各自が1つの工程のみを担当し、流れ作業で行うものを「ライン生産方式」という。対して屋台型のブースと呼ばれる作業場所に1人または数人の熟練者を配置し、作業全体の工程をその場で行うものを「セル生産方式」という。ライン生産方式は大量生産に向いており、日本の製造業を発展させてきた。しかし近年は、大量生産は新興国で行われることが多く、日本国内では多品種少量生産向きのセル生産方式が増えている。

\ 用語の使い方 /

セル生産方式なら特注品への対応も可能です。

第5章 現場の仕事がよくわかる「製造系」ビジネス用語

| Industrial Robot | word 149 |

産業用ロボット

製造工場の自動化で用いられるロボット

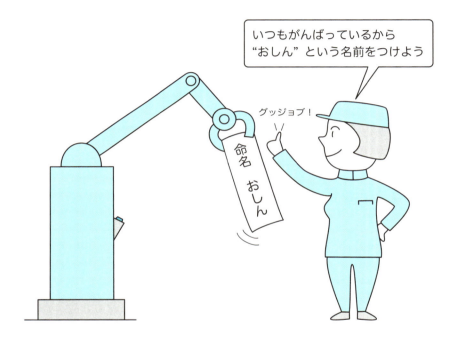

人間の代わりに、工場での組み立てなどの作業を行う機械装置のこと。人型をしておらず、多くはマニピュレーター（機械の腕）だけで作業を行うロボット。自動制御された多目的なマニピュレーターを持ち、つかむ、離す、回転するなど、人間を模した様々な動きに対応し、熟練工と同様の動きを習得させることも可能。人件費の削減を実現するとともに、作業員の過酷労働の削減、品質の均一化にも貢献する。競争激しい自動車産業などで活用され、日本の製造業を支えてきた。

＼ 用語の使い方 ／

人手不足対策で産業用ロボットを導入しました。

| Supply Chain | word 150 |

サプライチェーン

原材料から消費者に届くまでの一連の工程

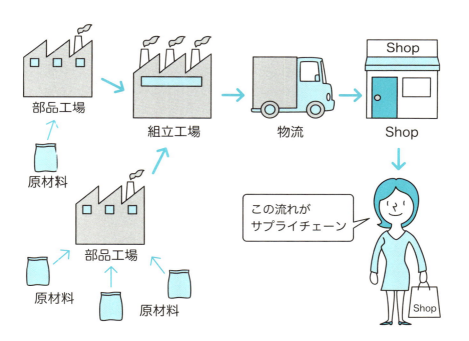

サプライ（Supply）は供給、チェーン（Chain）は連鎖という意味。原料の段階から製品やサービスが消費者の手に届くまでの全プロセスのつながりのこと。ITを活用して全体最適を図る経営手法をサプライチェーンマネジメント（SCM）と呼ぶ。1つの企業の内部に限定せず、複数の企業間で統合的な物流システムを構築することで、経営の成果を高めることが可能となる。生産や調達などの体制に柔軟に対応できれば、余剰在庫の削減など適正な生産体制を整えられる。

\ 用語の使い方 /

サプライチェーンを見なおそう。

| Global Merchandising System | word 151 |

グローバルマーチャンダイジングシステム

世界的なサプライチェーン統括システム

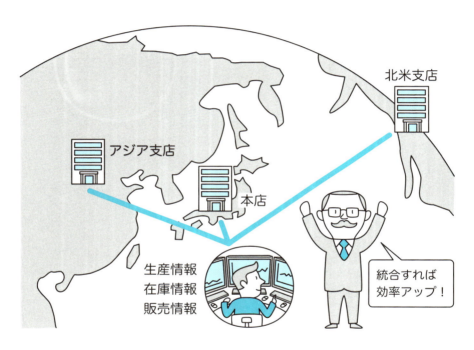

マーチャンダイジング（Merchandising）とは消費者の欲求・要求に適う商品を、適切な数量、適切な価格、適切なタイミング等で提供すること。グローバルマーチャンダイジングシステムは、世界に張り巡らせたサプライチェーンを統括するシステムのことで、国別で構築していたシステムを統合し、それぞれの国に得意分野を割り振るとともに、単品別の販売、在庫情報を一元管理できる体制を整えれば商品調達や在庫管理を効率化、販売機会損失や過剰在庫を防ぐことができる。

＼ 用語の使い方 ／

グローバルマーチャンダイジングシステムで業績アップだ。

| Logistics | word 152 |

ロジスティックス

原材料調達から生産・販売までの物流、それを管理する過程

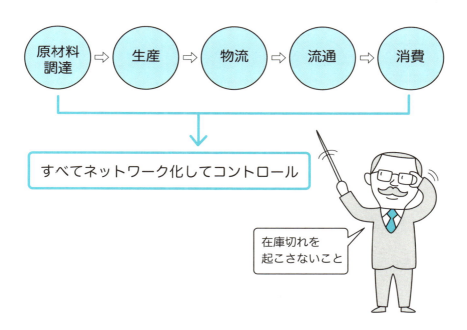

ロジスティックス（Logistics）は、もともと軍隊用語で「兵站」と訳され、作戦計画に従って兵器や兵員、弾薬、食料などを確保し、最前線に補給する活動を意味する。ビジネスでは物流と同義に扱われることが多いが、本来は顧客の要求を満たすという目的のため、原材料の調達地点から消費地点までの物流、生産、サービス、情報、在庫、販売、広告などのすべてを統括的にコントロールするプロセスを指す。これからは機械化、自動化に加え、ネットワーク化が必要とされる。

＼ 用語の使い方 ／

効率的な**ロジスティックス**の確立が必要です。

| Radio Frequency Tag (Radio Frequency Identifier) | word 153 |

RFタグ (RFID)

電磁界や電波で情報をやりとりする装置

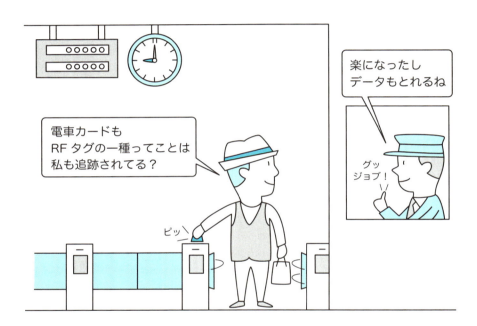

RFタグ (Radio Frequency Tag) は、電磁界や電波などを用いて数cm〜数mの近距離で情報をやりとりできるモノを指す。それぞれに識別情報 (ID情報) が埋め込まれており、これを利用するシステム全般をRFID (Radio Frequency Identifier) と呼ぶ。電車の乗車カードや電子マネーカードがRFIDの一種。工場で生産した製品にタグを貼り付け、配送ルートで物品の動きを追跡できるだけでなく、在庫管理も容易になり、時間短縮やコスト削減にも貢献できる。

＼ 用語の使い方 ／

RFタグを使って製品の行方を追跡しましょう。

| Build to Order | word 154 |

BTO

顧客の注文に応じて組み立て出荷するビジネスモデル

BTO（Build to Order）は、部品の状態で保管しておき、顧客からの注文（Order）に応じて組み立て（Build）、出荷するという、パソコン業界などでは広く普及した販売方法。メーカーには在庫リスクを減らせるメリットがあり、顧客は必要なスペックだけに絞ることで購入コストを下げられるメリットがある。一方で注文方法が煩雑となり、受注から出荷までに時間がかかるというデメリットもある。近年は、自動車やオートバイ、住宅業界などにも普及している。

＼ 用語の使い方 ／

BTOでお客様の期待に応えていこう。

| Advanced Driving Assistance Systems | word 155 |

ADAS（エーダス）

自動車の運転操作を支援する先進運転システム

ADAS（Advanced Driving Assistance Systems）は、自動車のドライバーの運転操作を支援するシステムのこと。運転操作の認知、判断、操作という3つの要素のいずれか、もしくはすべてをアシストする。いわゆる「自動運転システム」だが、レベルが0〜5の6段階に分けられ、本当の自動運転は、3から5のレベルに該当する。車線逸脱防止支援システムや駐車支援システム、死角を補うブラインドスポットモニター、衝突被害軽減ブレーキなどの機能がある。

＼ 用語の使い方 ／

この車にはADASが複数搭載されている。

| Quality, Cost, Delivery | word 156 |

QCD管理

生産管理で重要視される、品質・原価・納期

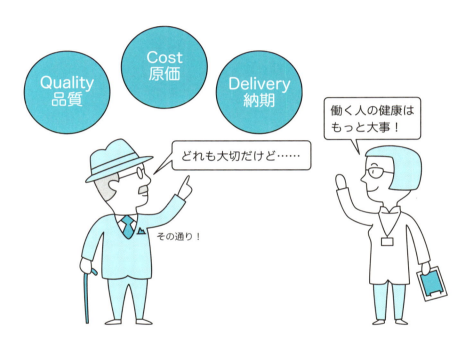

QCDはQuality、Cost、Deliveryという3つの言葉の頭文字をつなげたもの。品質・原価・納期と訳され、生産管理で重要視される3つの視点を表す。Qが最初に来るのは最も重要だから。設計時に期待した製品の品質が保たれているか、生産時の原価が適切な状態で保たれているか、求められた数量と納期が守られているかの最適化が求められる。生産性（Productivity）、安全性（Safety）、士気（Morale）、環境（Environment）を加えたPQCDSMEもある。

＼ 用語の使い方 ／

QCD管理は適切に行われているか、検証しましょう。

| PDCA Cycle | word 157 |

PDCAサイクル

継続的改善手法の1つ

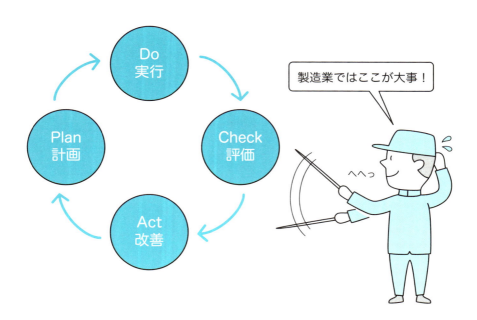

PDCAはPlan、Do、Check、Actの頭文字をつなげたもの。計画、実行、評価、改善と訳す。サイクルは循環の意味で、PDCAサイクルは4つの段階を繰り返すことによって業務を継続的に改善する。計画では従来の実績や将来の予測などをもとにして業務計画を作成、実行で計画に沿って業務を行う。評価で業務の実施が計画に沿っているかどうかを評価する。改善で実施が計画に沿っていない部分を調べて改善をする。1周すると次のPDCAサイクルにつなげる。

\ 用語の使い方 /

品質管理を常に向上するためのPCDAサイクルが重要。

| Engineering Chain | | word 158 |

エンジニアリングチェーン

研究開発から立ち上げに至るプロセスを統合

第5章 現場の仕事がよくわかる「製造系」ビジネス用語

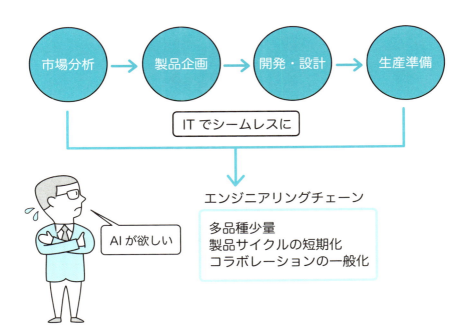

エンジニアリングチェーン（Engineering Chain）は、製造業において市場分析、製品企画、開発・設計、生産準備までの全プロセスを、ITネットワークによる情報共有を利用して、シームレスに統合させるというコンセプト。従来は1回のサイクルが製品のモデルチェンジや新製品開発、工場の新設や増設など長い期間で行われたが、製品ライフサイクルの短期化によってその頻度が増し、ITを駆使してスピードアップが求められるようになっている。

＼ 用語の使い方 ／

サプライチェーンに加え、エンジニアリングチェーンの改善も。

| Material Requirements Planning | word 159 |

MRP（資材所要量計画）

資材管理で生産を計画する手法

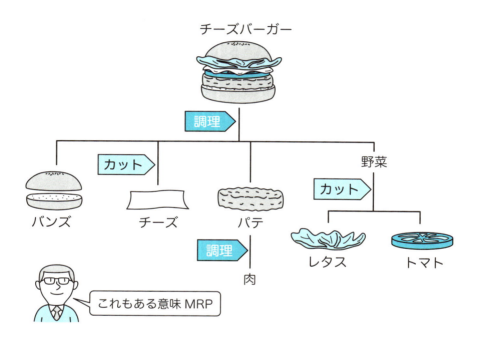

MRP（Material Requirements Planning）は、部品表から、材料や部品など必要な品目を、必要なときに、必要な量を購入、製造するための計画を立てる手法で、1970年頃、アメリカで提唱された。これを発展させ、人員や設備など、製造に必要な資源を管理する仕組みが「MRP2（Manufacturing Resource Planning、製造資材計画）」。さらに、生産に加え、企業全体の在庫、決済、資産なども管理するのが「ERP（Enterprise Resource Planning、企業資源計画）」という。

＼ 用語の使い方 ／

MRP機能を実装したシステムを導入しよう。

| Traceability | word 160 |

トレーサビリティ

原材料の調達・製造・販売の履歴を追跡できること

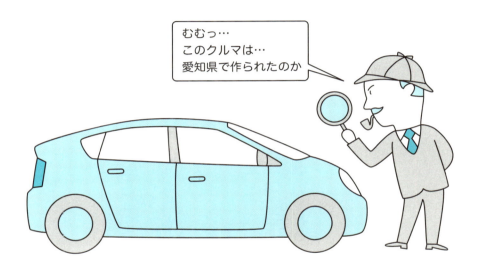

トレース（Trace：追跡）とアビリティ（Ability：能力）を組み合わせた造語。原材料、部品の調達から加工、組立、流通、販売の各工程で製造者や仕入先、販売元などを記録し、履歴を追跡可能な状態にすることをいう。製品がいつ、どこで、誰が作ったかがわかるので、製品に問題が生じた際、原因究明や回収作業が容易になり、製品の信頼性を上げることができる。またサプライチェーン全体に導入すると生産、作業の効率化、製品の品質の向上につながる。

\ 用語の使い方 /

トレーサビリティを導入したことで問題解決が迅速になりました。

| Quality Control ／ Total Quality Control　　　　　　　　　　| word 161 |

QC／TQC

品質管理と総合的品質管理の手法

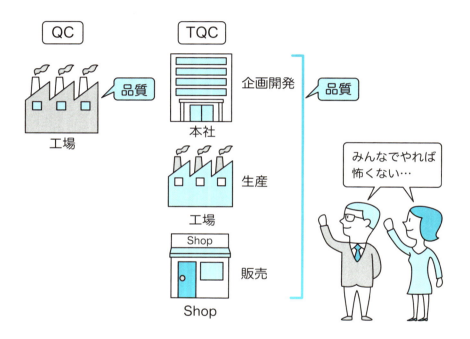

QC（Quality Control）は、品質管理と訳され、TQCはQCにTotalをつけたもので、総合的品質管理や全社的品質管理と訳される。QCは製品を作る際に品質の保持を目的に作業工程の改善を図る手法を指す。一方のTQCは、製造部門だけでなく、設計や購買、営業、マーケティングなどの部門にまでQCを広げて適用し、体系化したもの。TQCの製品を企画設計する段階から、製造販売、アフターサービスまでの全プロセスで総合的に品質管理を行うことを目的とする。

＼ 用語の使い方 ／

当社もQCからTQCに発展させていきます。

| Original Equipment Manufacturer | word 162 |

OEM

相手先のブランド名で製造すること

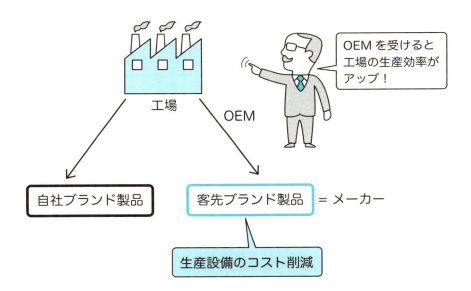

OEM（Original Equipment Manufacturing）は、製造メーカーが委託を受けて他社ブランドの製品を製造することを指す。ブランド側は、商品企画やサンプルチェックだけを行い、製造は受託メーカーが行う。ブランド側は自社生産しないことで、コスト削減や生産力をアップできるメリットがある。一方のメーカーは、販売ルートを広げることができ、OEM先の営業力の活用も可能になる。家電や食品、自動車メーカーなど様々な業種で利用されている。

＼ 用語の使い方 ／

OEMにしたことで低価格にすることができた。

| Private Brand | word 163 |

PB（プライベートブランド）

小売りや卸が企画販売する製品ブランド

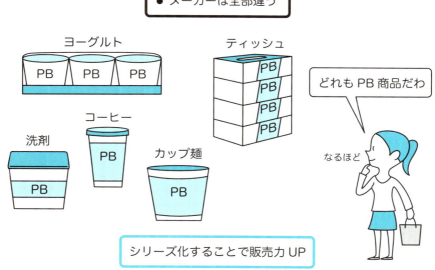

- 小売店のブランド
- メーカーは全部違う

ヨーグルト／ティッシュ／洗剤／コーヒー／カップ麺

どれもPB商品だわ

なるほど

シリーズ化することで販売力UP

小売業者によって企画販売される製品ブランドのこと。ストアブランドとも呼ばれる。スーパーなどが、自社の顧客のニーズに合わせて商品を企画し、メーカーに生産を委託、自社ブランドとして販売する。大量発注、買い取り契約、広告宣伝費をかけないことなどで低価格化を実現する。最終的には差別化された品揃えで、大きな市場競争力を獲得することを目指す。対義語はナショナルブランド（NB：National Brand）で、製造業者が自社製品につけるもの。

＼ 用語の使い方 ／

最近はプレミアムなPBも増えたなぁ。

| Just in Time | word 164 |

ジャストインタイム

必要な物を、必要なときに、必要な量だけ供給すること

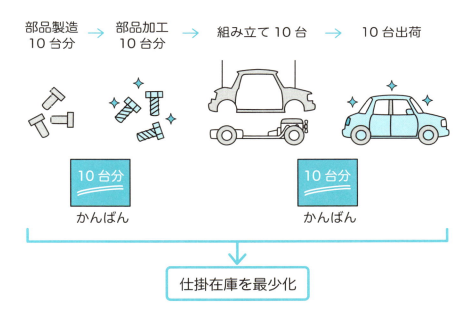

必要なものを、必要なときに、必要なだけ生産（供給）するという生産管理の仕組み。在庫を圧縮し、短納期、多品種少量生産、コストダウンの実現を目指す。元々第2次世界大戦時にアメリカの航空機製造工場で採用されたが、現在はトヨタ自動車の「かんばん方式」が有名。トヨタの工場では生産指示標（かんばん）を使用し、その数だけ生産することで仕掛在庫を最少化することを実現した。現在では製造業だけでなく、流通業界でも活用されている。

\ 用語の使い方 /

在庫を減らせたのはジャストインタイムを導入したおかげです。

| Idle Time | word 165 |

アイドルタイム

作業が行われていない時間

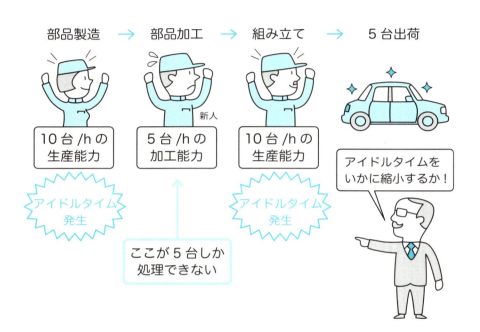

アイドル（Idle）は、仕事がない、働いていないなどの意味で、生産施設が稼働せずに労働力が空費されている時間のこと。流通においては物資の待機時間を意味する。人件費や家賃、減価償却費などの固定費は、アイドルタイムにも発生するため、経営的にはアイドルタイムをいかに縮小するかが課題となる。アイドルタイムの間に発生した経費のことを、アイドルコストと呼ぶ。対義語はピークタイムで、機械や工場などが最も忙しく稼働している時間帯を指す。

＼ 用語の使い方 ／

アイドルタイム をできるだけ削減しましょう。

| Node／Link | word 166 |

ノード／リンク

結節点と輸送経路

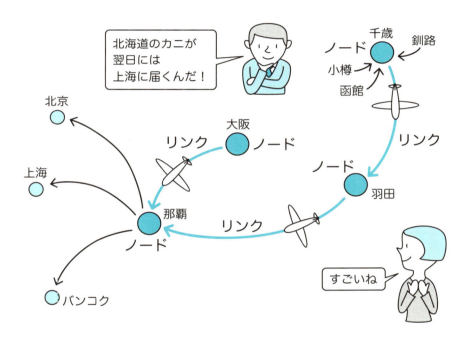

ノード（Node）は「結び目」や「中心点」という意味で、物流では結節点と呼ばれる。港湾や空港、流通業務団地などの物流拠点がノード。リンク（Link）は「環」や「つなぐ」、「連結」という意味で、「拠点間を結ぶ連鎖線」あるいは「輸送経路」のこと。ノードとリンクが物流ネットワークを構成するが、ノードとリンクをいかに配置するかで物流の効率が左右される。首都圏の荷物をすべて物流センターに集め、分類してから発送、地方でさらに分類することなどがこれにあたる。

＼ 用語の使い方 ／

東と西のノードをリンクでつないでネットワークを構築した。

| Cost Reduction | word 167 |

コストリダクション

企画設計段階からのコスト削減の取組み

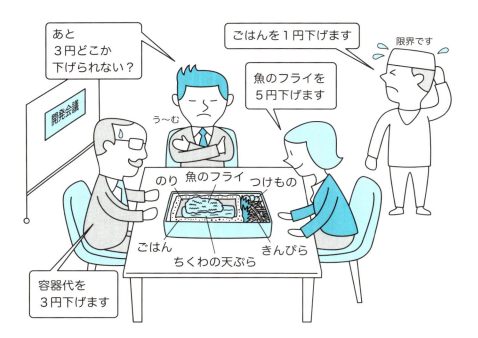

リダクション (Reduction) は縮小、削減するという意味。企画設計の段階から、製品のスペック、原材料、製造工程などを見直してコストの削減を図ること。「原価企画」という製品開発の手法では、顧客の市場分析に基づいて商品の売価の目標ラインを設定、そこから目標利益を差し引いた許容原価を算出し、その原価を達成するために開発に取り組む。なお、コストダウンやコストカットは和製英語。類語として、コストコントロールがある。

＼ 用語の使い方 ／

業績が上がったのはコストリダクションのおかげだ。

| 5s Process Improvement | word 168 |

5S活動

整理、整頓、清掃、清潔、しつけで品質と生産性を向上

5Sとは、整理・整頓・清掃・清潔・しつけのローマ字表記の頭文字からつけられたもので、職場環境の改善で用いられるスローガン。トヨタが工場内の環境整備のために作ったもので、一見生産力に影響しないようなこうした行動が無駄を省き、事故の可能性を低くすることにつながり、結果的に生産性を向上させる。現在では、海外の工場でも実践されており、英語版の5SはSort、Set in order、Scrub、Standardize、Sustainと訳されている。

＼ 用語の使い方 ／

我が社でも5S活動を定着させましょう。

もう死語!? 今さら聞けない
クスっと笑えるおじさん世代のビジネス用語

数字を丸める ──────────────────────────────── すうじをまるめる

数値の桁数を統一するために、四捨五入すること。企画書などを提出する際、小数点がついた数字を提示するとわかりにくい。そういうときは、「数字を丸める」と見やすくなる。どの桁から丸めるかは人それぞれなので、億単位の案件の場合、百万単位で丸まってしまうこともある。上司に「資料の数字を丸めておいて」と言われたら、桁数を確認した方がいいだろう。また、請求書や見積もりで、「この金額、丸められませんか?」と言われた場合、相手は値引きを求めているので、端数の「5」を繰り上げないように気をつけよう。

ざる ── ざる

竹で編んだ入れ物は目が粗いので、水気を切るのに重宝する。しかし、ビジネスシーンでの「ざる」は、仕事ぶりが粗雑で漏れが多いことを指す。「君の仕事ぶりはざるだな」と指摘されたら、大いに反省して、もっとチェックを徹底するように。「ざる」は様々なシーンで使われている。例えば、打ち方が下手な碁は「ざる碁」、危機感のない警備システムを「ざる警備」、穴の多すぎる法律を「ざる法」と呼ぶ。また、酒をいくら注いでもたまらないことから、大酒飲みを「あいつはざるだな」と表現することもある。

ハダカ ──────────────────────────────────── はだか

包装をしていない状態の商品を指す。「その商品、ハダカにしておいて」と言われたら、商品の包装を解くことを意味する。百貨店は展示会やイベントが多く、商品を「ハダカ」にして展示することから、「ハダカにしておいて」が頻繁に使われる。また、金融業界では、配当や増資新株割当などの権利を含まない相場を「裸相場」と呼ぶ。ほかに財産や資本をまったく持たないことを「裸一貫」、事業に失敗して無一文になることを「丸裸になる」と表現し、「ハダカ」にまつわる言葉は、あまりポジティブな使われ方をしない。

Column 05

シャンシャン（しゃんしゃん） — しゃんしゃん

物ごとが滞りなく、予定通りに終わること。「手打ち」とも言う。日本の風習の1つに「手締め」があり、これは物ごとが円満に収まったことを祝って、リズムを付けて手拍子を打っていた。「めでたくシャンシャンと手締めをしましょう」と表現したことが語源となった。最近では、形式的に行われる短時間の会議を「シャンシャン会議」と呼ぶなど、揶揄的に使うことが多い。「問題を棚上げにしたままのシャンシャン会議じゃ、何も決まらないよ」というわけだ。とはいえ、「無駄に長い会議より、シャンシャン会議の方がマシ」な場合も多い。

コピーを焼く — こぴーをやく

燃やしてしまうことではない。コピーをとることを意味する。なぜ、「焼く」と言うのか。コピー機には、設計図などを複写するジアゾ式複写機と、会社でよく使われているPPC複写機があった。ジアゾ式複写機は青い濃淡で複写されるため「青焼き」と呼ばれ、対するPPC複写機は「白焼き」と呼ばれた。その名残で複写することを「焼く」と言うのである。上司に「5枚、コピーを焼いてきて」と頼まれたら、コピーを5枚とればいいわけだ。くれぐれも燃えるゴミに出したり、シュレッダーにかけたりしないように。

| Evidence | word 169 |

エビデンス

"証拠"という意味だが、日本では"記録"の意味も

英語「Evidence」が語源で「証拠」「根拠」「裏付け」「形跡」などの意味だが、日本のビジネスシーンでは「証拠」のほかに「記録」の意味で使われることもある。例えば、IT業界では議事録や契約書類、メールをエビデンスと呼び、議事録を取ることを「エビデンスを取る」、契約書類を作ることを「エビデンスを結ぶ」という。また、金融業界では身分証明や顧客情報をエビデンスと呼ぶなど、業界によってニュアンスが微妙に異なる。

＼ 用語の使い方 ／

エビデンスを示してもらわないと融資できませんね。

| Critical | word 170 |

クリティカル

極めて危険な状態

英語「Criticize」が語源で、「危機的」「批判的」というネガティブな意味を持つ用語。ビジネスシーンでは主に「危機的な」「致命的な」を指すことが多い。例えば、コンピューターやソフトウェアの致命的なエラーを「クリティカルエラー」と言う。また、「クリティカルシンキング」という思考法がある。これは、情報が与えられたときに「本当に正しいのかどうか」という疑問を持った上で、じっくりと考えて最適解へと導くものだ。

\ 用語の使い方 /

我が社の業績は**クリティカル**な状況だ。

| Agile | word 171 |

アジャイル

仕様の変更を前提に開発する

アジャイル（Agile）は、「機敏な」とか「素早い」という意味。ソフトウェア開発手法が語源。仕様や設計の変更を前提にプロジェクトを進め、顧客とプロジェクトチームで検証を重ねてフィードバックを反映させる。途中経過の成果を継続的に顧客に引き渡すことで、途中での確認や仕様変更に柔軟な対応ができる。現在では、ソフトウェア開発だけでなく、ビジネスシーンでも「アジャイル」的なオープンで臨機応変な手法が多く使われている。

＼ 用語の使い方 ／

アジャイルによって失敗のリスクが軽減できる。

| Emotional | word 172 |

エモーショナル

感情的、情緒的

第6章 知っていると知的に見える「コンサル系」ビジネス用語

Emotion（感情）の形容詞形。心の機微に触れる物ごとや出来事によって、感情が動かされる様子を表す。例えば、美しい風景に出会ったとき、素晴らしい芸術作品に触れたとき、人は感情を大きく揺さぶられる。心に深く訴えかける何かによって感情が変化することを「エモーショナル」と表現する。「エモーショナルな○○」「○○はエモーショナルだ」といった使い方が多い。若者たちが感動したときに使用する「エモい」は「エモーショナル」の短縮形。

\ 用語の使い方 /

彼は舞台で**エモーショナル**なパフォーマンスを見せました。

| Incubation | word 173 |

インキュベーション

新人起業家を支援、育成する

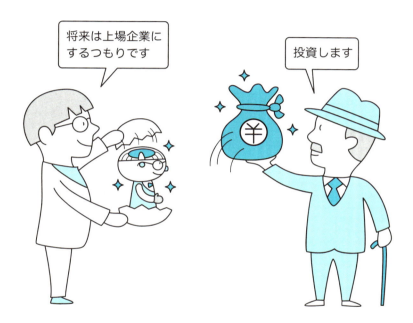

経営指南、資金援助、顧客の紹介、施設の提供など、新規事業を立ち上げようとしている新人起業家を支援するシステム。民間企業や投資機関が行う場合と、自治体や行政が行う場合がある。最近では、大学がインキュベーション施設を設け、学生の創業支援を行う例も増えている。本来の意味は「卵をふ化させる」。ビジネスの卵（新人起業家）を世話して、ふ化（起業）させ、育て上げるのがインキュベーションの役割というわけだ。

＼ 用語の使い方 ／

インキュベーションのおかげで、経験ゼロでも起業できました。

| Chasm | word 174 |

キャズム

異なる性質を持つ市場の間にある深い溝

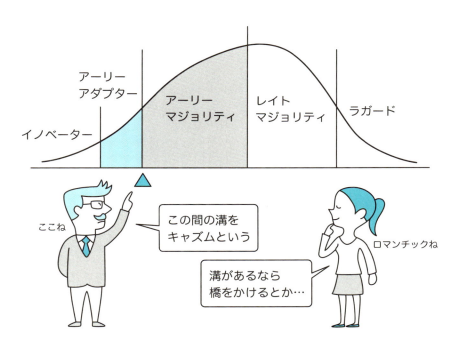

ハイテク市場におけるマーケティング理論の1つ。製品やサービスを普及させる際に発生する障害（溝）を指す。消費者は新商品を購入する時期別に、「イノベーター」「アーリーアダプター」「アーリーマジョリティ」「レイトマジョリティ」「ラガード」の5つに分類され（イノベーター理論）、アーリーアダプターとアーリーマジョリティの間にある溝を「キャズム」と呼ぶ。この溝を越えることが市場開拓において重要とする理論を「キャズム理論」と言う。

\ 用語の使い方 /

キャズムを乗りこえて商品を市場に浸透させよう。

| Establishment | word 175 |

エスタブリッシュメント

既成の特権階層

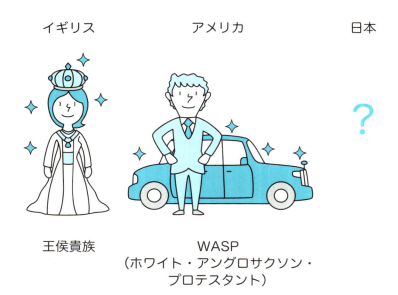

イギリス　　　アメリカ　　　日本

王侯貴族　　　WASP
　　　　　（ホワイト・アングロサクソン・
　　　　　　プロテスタント）

語源は英語の「Establishment」。主に英語圏において、社会的に確立した権力的勢力や社会秩序・体制を意味する。国や組織において、意思決定や方針樹立などに強い影響力を持つ。例えば、イギリスでは現在も王侯貴族という特権階級があり続け、エスタブリッシュメントの代表とも言える。そのほか、政治家や上級弁護士、名門大学の学者、金融投資家なども含まれる。文化的背景が異なる欧米と日本では、その概念や実態も違ってくる。

\ 用語の使い方 /

日本のエスタブリッシュメントは、世界に比べると小粒だ。

| Zero-sum Game | word 176 |

ゼロサムゲーム

参加者の得失点の総和がゼロになるゲーム

誰かが勝てば、誰かが負けるという「ゲーム理論」の概念の１つ。マーケット（市場）において、企業は限られた購買層から利益を奪い合う。一方が利益を出したら、その分だけ他方は損失を出す。全体としては「プラスマイナスゼロ」になるという、ビジネスの本質を表すフレーズ。「Zero（0）」と「Sum（合計）」から「ゼロ和ゲーム」とも呼ばれる。株式取引は株価の上昇と下落で価値が変わるため、「非ゼロサムゲーム」である。

\ 用語の使い方 /

ビジネスはゼロサムゲーム。気を抜くとライバルに負けるわよ。

| Paradigm Shift | word 177 |

パラダイムシフト

価値観が180度変わること

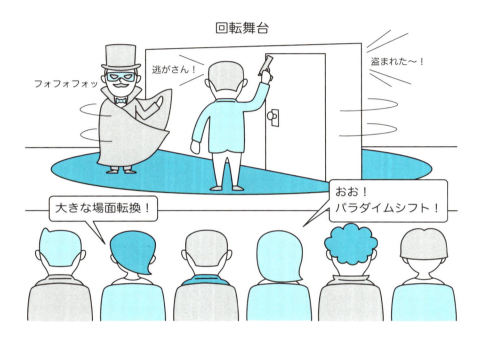

パラダイムシフト（Paradigm Shift）は、「常識や前提（Paradigm）」の「転換（Shift）」という意味で、今までの考え方や価値観が180度変わることを指す。科学史家トーマス・クーンが提唱した概念。「パラダイムの転換」とも言う。ビジネスシーンでは、画期的なアイデアで市場構造を劇的に変化させたり、価値観を覆したりしたときに使われる。「発想の転換」という概念で捉えられ、心理学やコーチングなど様々な分野で用いられている。

＼ 用語の使い方 ／

現代は様々な分野でパラダイムシフトが起こっています。

| Contemporary | word 178 |

コンテンポラリー

時代の流行を取り入れた現代的な感覚

現代的、今日的なさまを指す。語源はラテン語の「Cum（共に）＋Tempus（時間）」で、「時を同じくする」という意味。「コンテンポラリーダンス（現代舞踊）」や「コンテンポラリーアート（現代美術）」など芸術の分野で多用されていたが、インテリアやアパレルといったビジネス業界にも広まった。「現在のトレンドを押さえている」という意味で使われる。対義語に「トラディショナル（伝統的）」や「パーマネント（永久的）」がある。

\　用語の使い方　/

コンテンポラリーなライフスタイルをコンセプトにしています。

| Alternative | word 179 |

オルタナティブ

既存・主流のものに代わる新たな存在

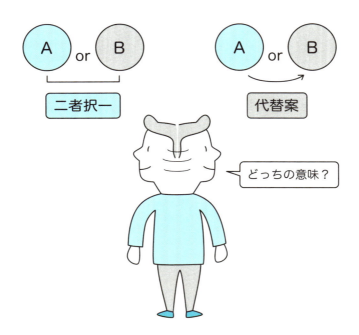

「変える」という意味のラテン語が語源。現在は「二者択一」と「代替案」の2つの意味を持つ。ビジネスシーンでは「既存・主流の代わりになる新しいもの」を指すことが多い。新しいものが必ずしも良いとは限らないが、ビジネスでの現状維持は衰退につながる。ビジネスパーソンは常に新しいものを受け入れる柔軟性が必要とされる。「オルタナティブな戦略」「発想のオルタナティブ」といった使い方をする。「オルタナ」と省略形で使われることも。

\ 用語の使い方 /

ビジネスではオルタナティブを受け入れる勇気が必要。

| Attribution | word 180 |

アトリビューション

成果に至る要因の貢献度を測る

英語の「Attribute」を語源とするマーケティング用語。「属性」「要因」「起因」の意味がある。もともと金融業界で使われていた分析手法を広告・マーケティング業界に適用した。ネット広告やメルマガ、ブログ記事、SNSなどの施策による、商品購入や会員登録、資料請求といった「成果（コンバージョン）」への貢献度を測定する手法のこと。コンバージョンに対して何がどれだけ貢献したのか、施策別に分析・評価することを「アトリビューション分析」という。

＼ 用語の使い方 ／

アトリビューションによって、マーケティング施策全体を最適化。

| Customer Intimacy | word 181 |

カスタマーインティマシー

顧客と親密な関係を築くこと

インティマシー（Intimacy）は、「親密さ」を意味する。顧客と親密な関係を構築し、関係を強固にすることで顧客を囲い込むというマーケティング戦略。例えば、顧客に対して専属の営業担当を置くことで、顧客の要望に添ったきめ細やかなサービスが可能となる。親密さを高め、信頼関係を勝ち取ることで、ほかに類似商品やサービスがあっても、優先して選んでもらえるようになる。長期安定した良好な関係を築いて戦略的優位性を構築する考え方である。

＼ 用語の使い方 ／

顧客満足を考えることが、カスタマーインティマシーを高めます。

| Empowerment | word 182 |

エンパワーメント

権限を与え、自主的・自律的な行動を促すこと

エンパワーメント（Empowerment）は、権限移譲を意味し、ビジネスの場では管理者が部下に権限（パワー）を与え、自主的・自律的な行動を促進させることを指す。部下の責任感とモチベーションが向上する、部下の能力開発につながるなどのメリットがある。また、組織の構成員一人ひとりが「力をつける」ことで、組織力もアップする。その反面、部下に高いストレスや業務負荷を与えるリスクもある。ビジネスだけでなく、政治や福祉、人権運動などの文脈で用いられることもある。

\ 用語の使い方 /

エンパワーメントによって、やればできると自信がついた。

| Insight | word 183 |

インサイト

消費者の購買意欲の核心

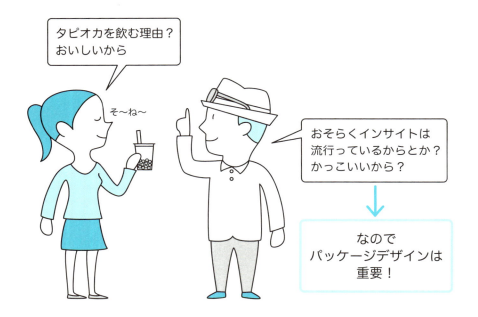

原語「Insight」の意味は「洞察力」「物ごとを見抜く力」。マーケティング用語では、消費者の購買意欲の核心やツボのことを指す。消費者の心を刺激して、思わず買いたくなる「何か」のこと。「消費者インサイト」とも呼ばれる。消費者の無意識の心理である「インサイト」を見つけることで、消費者の需要を満たす製品やサービスの開発につながる。効果的なマーケティング戦略を立てるために、インサイトは欠かせない要素である。

＼ 用語の使い方 ／

消費者の**インサイト**を発見し、ニーズに合ったキャンペーンを実施する。

| Status | word 184 |

ステータス

「社会的地位」や「状態」

一般的には「社会的地位」を意味する。その人物が担う地位や属する身分を表すときに使用する。収入や生活水準も「社会的地位」の判断基準となり、高級車や高級時計などを「ステータスシンボル」と表現する。「社会的地位」の他に「状態」という意味もある。IT分野ではハードウェア、またはソフトウェアの状況・状態がわかる領域として、「ステータス」を使う。ゲームではキャラクターのHP（Hit Point）やレベルなどを指す。

＼ 用語の使い方 ／

高級外車はステータスのシンボルね。

| Solution | word 185 |

ソリューション

業務上の課題や問題点を解決する手段

企業や組織が抱えている問題を解決するために提供されるシステムやサービス。IT業界で多用され、より狭義には情報システム（コンピューターシステム、ITシステム）のことを指す。1987年、IBM経営計画の中で顧客サービスにおいて使われたのが最初と言われている。問題解決のサービス全般を「ソリューションサービス」、提供する企業を「ソリューションカンパニー」と呼ぶ。現在、顧客へ課題を提示する「提案型ソリューション」が注目されている。

＼ 用語の使い方 ／

独自のソリューションを顧客に提案しましょう。

| Cortext | word 186 |

コンテクスト

前後の文脈から相手の真意を読み取る

身振り手振りも
コンテクストのひとつ?!

コンテクスト（Context）は、直訳すると「文脈」「状況」だが、ビジネスシーンでは「状況を理解する」こと。いわゆる「空気を読む」ことを指す。日本人は言葉で説明しなくても「察する」というハイコンテクスト文化で、欧米人は何でも話して理解し合うローコンテクスト文化と言われている。日本のビジネスでは察知する能力が必須だが、国際的にはローコンテクストの考え方が必要。国際社会で活躍するためには、積極的に自己表現するコミュニケーション能力が求められる。

＼ 用語の使い方 ／

アメリカではコンテクストは重要視されない。

| Facilitator | word 187

ファシリテーター

会議の進行役

ファシリテーター（Facilitator）は、「容易にする」「促進する」を意味する。会議やミーティングを円滑・効果的に進めることを「ファシリテーション」、そのために働きかける人を「ファシリテーター」と言う。例えば、会議では参加者の発言を促進し、話の流れを整理するなど、議論が効率的に収束するように進行する。単なる司会ではなく、スムーズな進行のかじを取り、よりよい結論に到達するよう導くテクニックを必要とする。

\ 用語の使い方 /

参加者が意見を出しやすい雰囲気を作るのもファシリテーターの仕事だ。

| Pragmatic | word 188 |

プラグマティック

実用的な考え方

「実用主義的」「実利主義的」といった意味のドイツ語「Pragmatic」に由来する。19世紀後半以降、アメリカを中心に展開した哲学思想に「プラグマティズム」があり、物ごとの真理を理論や信念からではなく、行動の結果によって判断するというもの。社会学、教育学、流通経済学などに影響を与え、ビジネスや政治、社会についての見方として広く一般化した。現代では「実践的な考え方」「合理的な考え方」を指す言葉として使われる。

＼ 用語の使い方 ／

彼は感情に左右されない**プラグマティック**な人です。

| Epigonen | word 189 |

エピゴーネン

他人のアイデアから着想を得て、模倣すること

語源は「後に生まれたもの」という意味のギリシャ語「Epigonoi」。本来は文学や絵画などの芸術分野で成功した作品を模倣する人のことを指す。ほとんどの場合、否定的な使い方をするが、ビジネスシーンでは必ずしも悪い意味ではない。むしろ、市場寡占率の高い事業を模倣することで競争原理が働き、消費者のメリットになる。また、開発費がかからない分、低価格でのサービスが可能となる。ただし、特許侵害など法律に触れる危険性もあるので要注意。

＼ 用語の使い方 ／

ビジネスにはエピゴーネンを超えた独創性も必要です。

| Inspire | word 190 |

インスパイア

刺激を受ける

語源はラテン語の「In（中へ）」と「Spirare（息、息吹）」が合わさった言葉。英語では動詞の「Inspire」となり、「触発する」「吹き込む」「刺激する」といった意味がある。日本では、ひらめきや刺激を受けることを指し、「〇〇から影響を受ける」というニュアンスで使われることが多い。例えば、著名な芸術家に影響を受けたアーティストの作品を「〇〇にインスパイアされた」などと表現する。似た表現に「オマージュ」「リスペクト」などがある。

\ 用語の使い方 /

ハリウッド映画にインスパイアされた作品だ。

| Serendipity | word 191 |

セレンディピティ

偶然を洞察する能力

語源は英語の「Serendipity」で、「予期せぬ幸運を手に入れる力」「思いがけないものを偶然に発見すること」を意味するが、「棚からぼた餅」的な幸運ではない。セレンディピティとは、自ら行動し、価値に気づき、成果につなげる能力や才能のこと。例えば、アルキメデスが浴槽からあふれる湯を見て、浮力の原理を発見した「ひらめき」のことだ。マーケティングでは、予測できない出会いを求める消費者行動を「セレンディピティ消費」と呼ぶ。

\ 用語の使い方 /

セレンディピティを演出して、消費者に商品購入を促す。

| Knowledge Worker | word 192 |

ナレッジワーカー

知識労働者

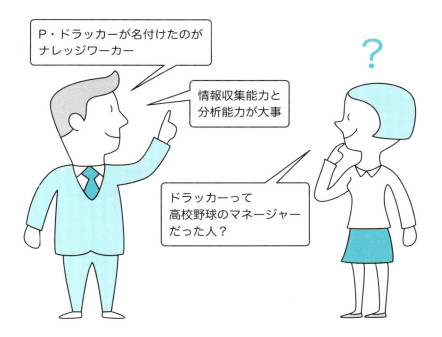

ナレッジ（知識）とワーカー（労働者）を組み合わせた造語。知識によって企業や社会に貢献する労働者のこと。社会学者・経済学者のピーター・ドラッカーが提唱した。世界的な経済発展による金融工学やコンピューター技術の進歩により、従来の形ある「モノづくり＝職人」（マニュアルワーカー）から、形の見えない知的生産物を創造する業務にシフトしていった。ナレッジワーカーは知識だけあればいいわけではなく、高度な情報収集能力や分析能力が求められる。

＼ 用語の使い方 ／

ナレッジワーカーは、多角的な視点で経営や業務を円滑に遂行する。

第6章 知っていると知的に見える「コンサル系」ビジネス用語

| Manual Worker | word 193 |

マニュアルワーカー

製造に従事する労働者

定められた手順（マニュアル）の通りに働く労働者（ワーカー）のこと。主に大量生産時代の製造業に求められる労働者像だが、ホワイトカラーでもルーチンワークだけをやっていればこれにあたる。労働力によって生産性と作業の効率性を高めることが重要視される働き方。近年、目覚ましい技術の進化によって、AI（人工知能）やロボットなどが画一的な単純作業を代行するようになり、マニュアルワーカーの存在価値が問われる時代となった。対義語は、ナレッジワーカー。

＼ 用語の使い方 ／

マニュアルワーカーは、高度成長期に「モノづくり」の基幹を支えました。

| Contingency Plan | word 194 |

コンティンジェンシープラン

予期せぬ事態に備える緊急時対応計画

企業に損害を与える災害や事故など不測の事態を想定して、あらかじめ対応方法や手順を定めておくこと。金融業界やIT業界で使われることが多い。BCP（事業継続計画）に似た概念だが、BCPは事業の継続や復旧に力点が置かれるのに対し、「コンティンジェンシープラン」は被害を最小限に抑えることを目的にしている。「調査と基本方針の決定」「プランの立案」「周知徹底」「維持と改善」の手順で策定される。

＼ 用語の使い方 ／

コンティンジェンシープランに沿って、優先順位の高いものから復旧するぞ。

| Best Alternative to a Negotiated Agreement | word 195 |

BATNA（バトナ）

交渉決裂の場合の最善策

「Best Alternative to a Negotiated Agreement」の頭文字を取って「バトナ」と呼ぶ。意味は、交渉で合意が成立しない場合の対処案の中で最もよい案。交渉相手の心理を読む交渉術で、交渉学では交渉を始める前にBATNAを見つけることが重要とされている。交渉が決裂しても、BATNAがあることで余裕を持って交渉が続けられるからだ。暫定的なBATNAを設定しておいて、次第によりよい条件のBATNAを見つけていくのが一般的な交渉における戦略である。

＼ 用語の使い方 ／

交渉を優位に進めるには、相手に自分のBATNAを悟られないことが重要。

| Zone of Possible Agreement　　　　　　　　　　　　　　　　　　　　　| word 196 |

ZOPA（ゾーパ）

交渉が妥結する可能性がある条件範囲

「Zone of Possible Agreement」の頭文字を取って「ゾーパ」と呼ぶ。意味は、交渉が妥結する可能性がある範囲。「合意可能領域」とも言う。例えば、商品の価格を交渉する際、売り手の販売希望価格が1万円で、買い手の購入希望価格が5000円の場合、5000円～1万円の売買が成立可能な価格帯でZOPAとなる。ZOPAが広いほど交渉は成立しやすく、狭いほど決裂の可能性が高くなる。ZOPAは交渉術というより、交渉前の準備におけるフレームワークと考える方がよい。

\ 用語の使い方 /

有利な交渉結果を得るためには、事前にZOPAを決めておくことが重要です。

| Logic Tree | word 197 |

ロジックツリー

問題を分解し、ツリー状に構造化する思考法

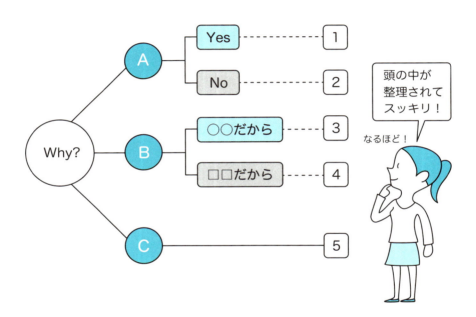

問題の原因解明や解決のための論理的思考ツール。問題を段階的に分解して、要素をツリー上に図式化したもの。ツリー状に可視化することで、全体構造やメカニズムを把握しやすくなり、多くの視点から解決策を探ることができる。5階層以上まで掘り下げると、よりよい分析が可能になると言われている。また、各要素を網羅的に洗い出した後に判断するので、ロジックツリーの作成にはMECE（要素に漏れなく、重複なく）という概念が重要である。

＼ 用語の使い方 ／

売上げが落ちた理由をロジックツリーで分析しましょう。

| Holacracy | word 198 |

ホラクラシー

組織を自律的に統治していくシステム

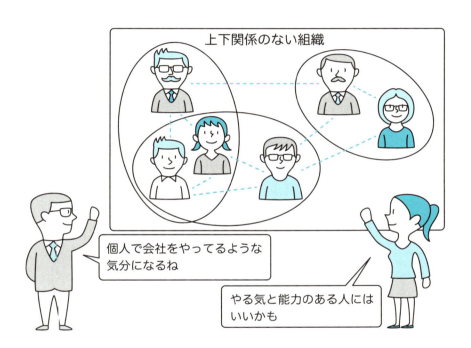

アメリカで考案された組織管理システム。従来の階層組織とは異なり、社内に役職や階級のない構造を指す。ただし、階層構造がまったく存在しないわけではない。階層の上に絶対的な決定権がなく、権限が組織全体に分散され、組織を自律させて統治する自走的システムである。ホラクラシーには主体性の向上、生産性の向上、上下関係のストレス軽減などのメリットがある。一方、管理者不在による個々の社員の負担が大きくなるデメリットがある。

\ 用語の使い方 /

ホラクラシーは、従来のヒエラルキー型とは逆の組織体制だ。

Qualia | word 199

クオリア

自分の感覚（感覚質）

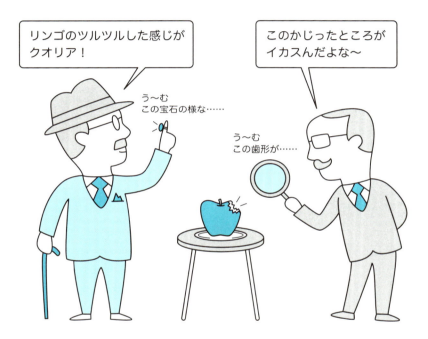

「質」を意味するラテン語が由来。「リンゴの赤い感じ」「ツルツルした感触」「ワクワクする感じ」など、他人とは共有できない主観的な感覚のこと。外部からの刺激によって体の感覚器が捕らえた情報を脳に伝達する。そのとき体験する独自の質感を表す概念である。しかし、具体的にどのようなメカニズムがクオリアを生み出すのかは明らかでなく、クオリアという概念に意味があるのかどうかも意見が分かれている。

\ 用語の使い方 /

夕焼けのあの"赤い感じ"がクオリアだ。

| Minimal | word 200 |

ミニマル

必要最小限

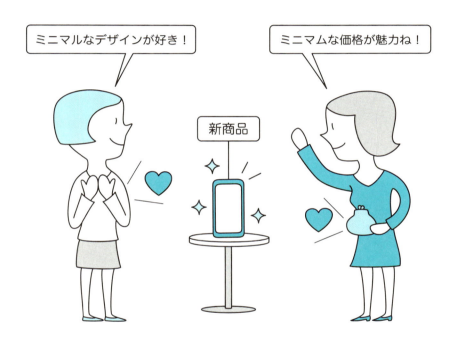

「ミニマル（Minimal）」は、可能な限り最も少ない量という意味。物ごとを成立させたり、要求を満たす上で、最小限であること。「ミニマルなライフスタイル」といった使われ方をし、身の回りのものを最小限にして暮らすことを信条とする人を「ミニマリスト」と言う。この場合、ものを極端に少なくするのではなく、「自分にとって快適で、必要な最小の量」という意味。似たワードに絶対的な数値を表す「ミニマム（Minimum）」があり、最低賃金や最低速度などに使われる。

\ 用語の使い方 /

無駄なものを捨てて、ミニマルな暮らしを実践したい。

| Competency | word 201 |

コンピテンシー

優秀な業績をあげる行動特性

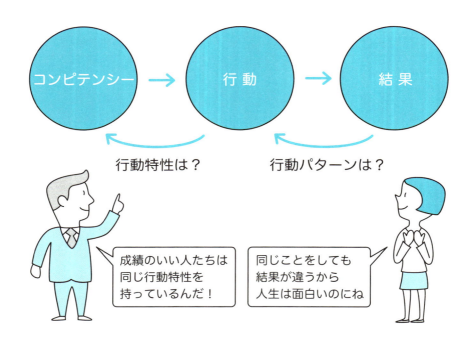

高い業績・成果につながる行動特性（専門知識や技術、ノウハウ、基礎能力など）を指す。ある業務において高い業績や成果を出している人の行動パターンをモデル化し、社内の人材育成や評価基準、採用面接などに活用している。コンピテンシーには、より企業の求める人材像に合致した人材育成を行えるメリットがある。コンピテンシーを把握するために必要なヒアリングに時間がかかる、評価者の負担が大きいなどの課題もある。

＼ 用語の使い方 ／

彼は**コンピテンシー**が高いと評判です。

| Literacy | word 202 |

リテラシー

情報を正しく読み取り、活用する能力

リテラシー（Literacy）は、元々の意味は「読み書きができる」で、教養があることを指す。ビジネスシーンでは、その分野で習得すべき知識を理解し活用する能力のこと。「○○のリテラシーが高い」と単独で使ったり、関連する言葉をつなげて「○○リテラシーを理解している」と言ったりする。ビジネス用語として定着しているが、最近では、国際社会において互いの異文化を理解する「グローバルリテラシー」など、様々なリテラシー用語が生まれている。

\ 用語の使い方 /

この会社はネットリテラシーが低すぎる！

第6章　知っていると知的に見える「コンサル系」ビジネス用語

もう死語!? 今さら聞けない
クスっと笑えるおじさん世代のビジネス用語

テーブルに乗せる　　　　　　　　　　　　　てーぶるにのせる

会議や交渉の場で話題として取り上げること。「交渉のテーブルに乗せる」「会議のテーブルに乗せる」といった使い方をする。交渉にあたることを「交渉のテーブルにつく」と表現することもある。交渉力はどのような仕事、職種においても必要なスキル。ビジネスの成否は「交渉力」にかかっていると言っても過言ではない。まずは、相手に「交渉のテーブルについて」もらうことが大事。そのためには、日頃から良好な人間関係を構築しておくことだ。交渉が決裂して、相手が「テーブルから降りる」ことは極力回避したいものだ。

シマ　　　　　　　　　　　　　　　　　　　しま

グループ単位でまとまること。オフィスで部や課ごとに机を向かい合わせて並べ、ひとかたまりのレイアウトにすることが多い。この配置を「島型対向式レイアウト」と呼ぶ。机の固まりを海に点在する島に見立てたと思われる。グループ内では、「うちのシマ」「シマで飲み会」などと、内輪意識が強調される使い方をする。シマのメンバー同士はコミュニケーションが取りやすいが、その反面、排他的な空間になりがち。外資系企業には「シマ」という考え方はなく、ほとんどの場合、個々のデスクがパーティションで区切られている。

ガラガラポン　　　　　　　　　　　　　　　がらがらぼん

福引の抽選を行う回転式抽選器を回す音「ガラポン」「ガラガラ」が語源。くじ引きを示す言葉だが、ビジネスシーンでは、今まで積み重ねてきたものをいったんご破算にして、もう一度やり直すことを指す。人事の総入れ替え、企画を白紙に戻す、議論のやり直しなど、ビジネスには多くの「ガラガラポン」が存在する。「上にガラガラポンされて、ご破算だよ〜」などと、組織の理不尽や強引さもニュアンスに含まれている。せっかく打ち込んできた仕事が上層部の思惑で「ガラガラポン」されたら、しばらく立ち直れない。

Column 06

折りTEL（オリテル） ... おりてる

「折り返す」と「TEL（電話）」を合わせた省略語で、「折り返し電話をかける」という意味。取引先や顧客から電話が入ったが、担当者が離席中の場合、「○○商事さんにオリテル」とメモ書きしたり、伝言したりする。社会人になると、午後一番を「ゴゴイチ」、出先から帰社しないことを「NR（ノーリターン）」、スケジュールを調整し直すことを「リスケ（Reschedule）」などと省略することが多い。「会議がリスケになったから、ゴゴイチで△△物産にオリテルしておいて。NRなのでよろしく」と言われても戸惑わないように。

テレコ ... てれこ

「手を加える」という意味の「手入れ」に接尾語の「こ」が付いて変化した造語。2つの異なる物語を1つの脚本にまとめ、一幕ごとに交互に展開するという歌舞伎用語から転じた言葉。ビジネスでは、「互い違い、入れ違い、あべこべ」の意味。主に関西圏で使われている。「この資料、ページがテレコになってます」と注意されたら、ページ順を確かめよう。「先ほど、お客様が部長とテレコで現地入りしました」と報告があったら、客と部長が入れ違いになったということ。テープレコーダーの略語と間違えたら、かなり恥ずかしいので気をつけて。

235

INDEX

数字・ABC

3Dプリンター	171
5G	112
5S活動	195
ADAS	182
AGI	96
AI	95
AIDMAの法則	134
AISAS	135
AMTUL	136
ARCSモデル	42
B to B	137
B to C	137
BATNA	226
BTO	181
CAD/CAM	172
CGM	119
CS	155
DX	117
EQ	27
ES調査	24
EX	23
Eコマース(EC)	161
FA	174
IoT	170
IR	142
MRP	186
OEM	189
PB	190
PDCAサイクル	184
PDSサイクル	45
QC	188
QCD管理	183
RFID	180
RFタグ	180
SNS	102
SWOT分析	87
TQC	188
UX	110
VR	108
VRIO分析	88
Web会議	35
ZOPA	227

あ行

アーリーアダプター	71
アイスブレイク	143
アイドマの法則	134
アイドルエコノミー	82
アイドルタイム	192
あいみつ	164
アウトソーシング	19
青天井	165
アカウンタビリティ	53
アクティブリスニング	156
あごあしまくら	46
アジェンダ	54
アジャイル	202
アセスメント	43
アドホクラシー	146
アトリビューション	211
アフェリエイト	107
暗号資産	113

アントレプレナー	63	キュレーション	115
イクスピアリアンス・マーケティング	62	共感マーケティング	84
いって来い	90	クオリア	230
イノベーター	70	クラウド	94
色を付ける	165	グリーンカラー	127
インキュベーション	204	クリティカル	201
インサイト	214	グループウェア	34
インスパイア	221	クレド	86
インセンティブ	149	クローズドクエスチョン	148
インターンシップ	41	グローバルマーチャン	
インダストリー4.0	168	ダイジングシステム	178
インバウンド	140	兼業	38
インフルエンサー	103	健康経営	25
インプレッション	116	コアコンピタンス	66
インボイス制度	89	高度プロフェッショナル制度	15
エクスキューズ	147	コーポレートガバナンス	50
エスタブリッシュメント	206	顧客満足度	155
エバンジェリスト	104	コストパフォーマンス	154
エピゴーネン	220	コストリダクション	194
エビデンス	200	コスパ	154
エモーショナル	203	五十日	90
エルダー制度	39	コピーを焼く	197
エンジニアリングチェーン	185	コミッション	150
エンパワーメント	213	コモディティ	77
オポチュニティ	157	コワーキングスペース	36
折りTEL(オリテル)	235	コングロマリット	58
オルタナティブ	210	コンシューマー	68
		コンセプトショップ	139

か行

カウンターパート	163	コンティンジェンシープラン	225
カスタマーインティマシー	212	コンテクスト	217
仮想通貨	113	コンテンポラリー	209
がっちゃんこ	91	コンバージョン	126
カフェテリアプラン	40	コンピテンシー	232
ガラガラポン	234	コンフィギュレーション	120
キャズム	205	コンプライアンス	51
		コンペティター	67

さ行

サービス・プロフィット・チェーン	79
裁量労働制	18
サステナビリティ	59
サテライトオフィス	32
サブスクリプション	80
サプライチェーン	177
ざる	196
残業規制	13
産業用ロボット	176
ジェンダーギャップ	28
資材所要量計画	186
シマ	234
島流し	46
ジャストインタイム	191
シャンシャン（しゃんしゃん）	197
従業員体験	23
従業員満足度調査	24
地雷	164
シンギュラリティ	97
数字を丸める	196
スーパーフレックス	16
スキーマ	121
スタートアップ	69
ステークホルダー	65
ステータス	215
ステルスマーケティング	61
スマートファクトリー（スマート工場）	169
セキュリティ	101
セクハラ	29
セル生産方式	175
セレンディピティ	222
ゼロサムゲーム	207
ゾーニング	76
ソリューション	216

た行

ダイバーシティ	20
端末	129
チャネル	158
ディープラーニング	98
ティップス	125
データマイニング	100
テーブルに乗せる	234
デコンストラクション	55
デジタルトランスフォーメーション	117
てっぺん	47
デファクトスタンダード	122
デフォ	123
デフォルト	123
手弁当	91
テレコ	235
テレワーク	31
同一労働同一賃金	14
統合型リゾート	142
トレーサビリティ	187

な行

ナレッジワーカー	223
二八	90
ネゴシエーション	151
ネチケット	128
ネットサーフィン	128
ノーティス	124
ノード	193
ノマドワーク	33
飲む	164

は行

バズマーケティング	111

ハダカ	196
働き方改革	12
パラダイムシフト	208
バリューチェーン	78
バリュープロポジション	75
パワハラ	30
ハンガートーク	145
バンドワゴン	74
ビジョナリー	64
非正規雇用	17
非正規社員	17
ビッグデータ	99
雛形	128
ファクトリーオートメーション	174
ファシリテーター	218
フィンテック	114
副業	38
フットインザドア	152
プライベートブランド	190
プラグマティック	219
フラッグシップ	138
ブランディング	132
ブランドエクイティ	85
フリーアドレス	37
フリーミアム	83
ブレイクスルー	56
ブロガー	105
フロッピー	129
プロモーション	133
ペルソナ	73
ホウ・レン・ソウ	47
ホスピタリティ	141
ホラクラシー	229

ま行

マインドセット	26

マシニングセンター	173
マスマーケティング	60
マニュアルワーカー	224
マネタイズ	81
マルチモーダルインターフェイス	109
ミニマル	231
メディアリテラシー	52

や・ら・わ行

ユーチューバー	106
ラガード	72
ラポール	144
リエンジニアリング	57
リテール	153
リテラシー	233
リファラル採用	22
リレーション	159
リンク	193
ロールモデル	44
ローンチ	118
ロジスティックス	179
ロジックツリー	228
ロハ	46
ロングテール	162
ワーク・ライフ・バランス	21
ワンストップサービス	160

編者
マイストリート
大和言葉から文学・ダジャレ・スポーツ・経済まで、「言葉」にとことんこだわる集団。今回は新聞やWEBなどでビジネス用語に関する話題を発信しているメンバーが執筆。誤用されがちなカタカナ用語の正しい使い方から、もはや意味不明になった「オヤジ用語」のウンチクまで幅広く収集・解説。

イラスト
浜畠かのう（はまばたけ・かのう）
山口県生まれ。埼玉県川越市在住。セツ・モードセミナー、坂川栄治の装画塾卒業。郵便局職員を退職後、デザイン会社でイラストレーター＆イラストレーションコーディネーターとして勤務、2008年からフリー活動を開始。書籍、雑誌での仕事など多数。『経済用語図鑑』『経済用語図鑑 新版』で表紙イラストレーション、挿絵を担当。また姉妹書として『ビジネス用語図鑑』（すべて小社刊）でも表紙イラストレーション、挿絵を担当している。
ホームページ http://www.vacancesclub.com

監修
佐々木常夫（ささき・つねお）
1944年秋田市生まれ。6歳で父を亡くし、4人兄弟の次男として母の手ひとつで育つ。1969年東京大学経済学部卒業、同年東レ入社。大阪・東京と6度度の転勤、破たん会社や様々な事業改革に全力で取り組み、2001年に東レ株式会社の取締役、2003年に株式会社東レ経営研究所社長、2010年には株式会社佐々木常夫マネージメント・リサーチ代表取締役に就任。また、内閣府の男女共同参画会議議員、大阪大学客員教授などの公職も歴任し、「ワーク・ライフ・バランス」のシンボル的存在になる。著書に、『部下を定時に帰す仕事術』『そうか、君は課長になったのか。』『働く君に贈る25の言葉』『これからのリーダーに贈る17の言葉』（すべて小社刊）など。2024年4月、突然の病のため逝去。

ビジネス用語図鑑

2019年12月15日　第1版第1刷発行
2025年 1 月28日　　　　第3刷発行

編者	マイストリート
イラスト	浜畠かのう
監修	佐々木常夫
発行所	株式会社WAVE出版
	〒136-0082　東京都江東区新木場1-18-11
	振替 00100-7-366376
	E-mail：info@wave-publishers.co.jp
	https://www.wave-publishers.co.jp
印刷・製本	萩原印刷

©Mystreet, Kanou Hamabatake　2019 Printed in Japan
NDC330　239P　21cm　ISBN978-4-86621-243-2
落丁・乱丁本は小社送料負担にてお取り替えいたします。
本書の無断複写・複製・転載を禁じます。